Escolha o seu WoW!

Uma abordagem do Disciplined Agile
para otimizar seu modo de trabalhar

Segunda edição

Scott W. Ambler
Mark Lines

Dados de catalogação e publicação na Biblioteca do Congresso solicitados.

Nomes: Ambler, Scott W., 1966 - autor. | Lines, Mark, 1964 - autor.
Título: Escolha o seu WoW!: uma abordagem do Disciplined Agile para otimizar seu modo de trabalhar — Scott W. Ambler, Mark Lines.
Descrição: Segunda edição. | Newtown Square, Pennsylvania: Project Management Institute, Inc., [2022] | Inclui referências bibliográficas e índice. | Resumo: "Centenas de organizações em todo o mundo já se beneficiaram da Disciplined Agile Delivery (DAD). O Disciplined Agile® (DA) é o único kit de ferramentas abrangente disponível para orientação sobre como formar equipes ágeis de alto desempenho e otimizar o seu modo de trabalhar (WoW).

Como um híbrido das principais abordagens, ágil, lean e tradicionais, o DA fornece centenas de estratégias para ajudar você a tomar melhores decisões dentro de suas equipes ágeis, equilibrando a auto-organização com as realidades e restrições de seu contexto empresarial exclusivo"-- Fornecido pela editora.
Identificadores: LCCN 2021062503 (print) | LCCN 2021062504 (ebook) | ISBN 9781628257540 (paperback) | ISBN 9781628257557 (ebook)

Assuntos: LCSH: Desenvolvimento de software ágil. | Gerenciamento de projetos. | Equipes no local de trabalho.
Classificação: LCC QA76.76.D47 A42525 2022 (print) | LCC QA76.76.D47 (ebook) | DDC 005.1/112--dc23
Registro LC disponível em https://lccn.loc.gov/2021062503
Registro ebook LC disponível em https://lccn.loc.gov/2021062504

ISBN: 978-1-62825-768-7 (edição em português)

Publicado por: Project Management Institute, Inc.
                   14 Campus Boulevard
                   Newtown Square, Pensilvânia 19073-3299 EUA
                   Tel.: +1 610 356 4600
                   Fax: +1 610 356 4647
                   E-mail: customercare@pmi.org
                   Website: www.PMI.org

Para fazer um pedido ou obter informações sobre preços, entre em contato com o Independent Publishers Group:

                   Independent Publishers Group
                   Order Department
                   814 North Franklin Street
                   Chicago, IL 60610 EUA
                   Tel.: 800 888 4741
                   Fax: +1 312 337 5985
                   E-mail: orders@ipgbook.com (apenas para pedidos)

Preâmbulo

Essencialmente, todos os modelos estão errados, porém alguns são úteis.
— George Box, 1978

Você é especial, você é uma estrela linda e única. E o mesmo vale para sua família, seus amigos, suas comunidades, sua equipe, seus pares, seus colegas, sua área de negócios e sua organização. Nenhuma outra organização tem os mesmos grupos de pessoas, as mesmas regras comportamentais, os mesmos processos, o mesmo contexto, os mesmos impedimentos, os mesmos clientes, a mesma marca, os mesmos valores, a mesma história, o mesmo folclore, a mesma identidade, o mesmo "é assim que a gente faz as coisas por aqui".

O comportamento da sua organização é emergente. O todo é maior que a soma das partes, o todo tem propriedades exclusivas, diferentes das propriedades de cada pessoa. Atuar no espaço muda o espaço. Comportamentos individuais e coletivos sofrem mutações e se auto-organizam em um evento iniciador da mudança. As intervenções são irreversíveis, como colocar leite no café. O sistema muda. As pessoas não esquecem o que aconteceu nem qual foi o resultado. O sistema aprende. Na próxima vez, a resposta ao evento de mudança será diferente, para melhor ou para pior, refletindo o que aconteceu na última vez e de acordo com o incentivo. Seus contextos não apenas são únicos, como também estão em constante mudança, e mudando a forma como eles mudam.

Com essas características de singularidade, emergência e adaptação, não é possível ter um único conjunto de práticas que otimize os resultados em todos os contextos. Um conjunto de práticas pode melhorar os resultados em um contexto, e em um ponto no tempo. Ao longo do tempo, à medida que o sistema muda com novos impedimentos e novos habilitadores, esse conjunto não será mais ideal. Não existe tamanho único. Não existe um emplastro capaz de curar todos os males. Sua organização tem dezenas, centenas ou milhares de contextos dentro de contextos, e cada um deles é único. Aplicar uma solução única, de um único tamanho, para muitos contextos pode salvar alguns barcos, mas irá afundar muitos outros.

A forma como as práticas são adotadas também é importante, e não apenas as práticas em si. Para uma melhoria duradoura e para aplicar uma mentalidade ágil à agilidade, o lócus de controle precisa ser interno. As pessoas precisam ter autonomia e empoderamento dentro de redes de proteção (*guardrails*) para poder experimentar e melhorar os resultados desejados. Alinhamento elevado e alta autonomia são, ambos, necessários. Não uma imposição de cima para baixo, que retira o empoderamento, com o lócus de controle externo. Com a imposição, as pessoas não assumem a responsabilidade pelo que acontece, e conscientemente fazem coisas prejudiciais, um comportamento conhecido como "mentalidade de agente".

O Disciplined Agile® (DA™) foi desenvolvido para lidar com essas realidades, as características de singularidade, emergência e adaptação. O Disciplined Agile fornece redes de proteção (*guardrails*), orientação e consciência corporativa como um todo. Ele é único nesse sentido. Ele fornece um vocabulário comum, redes de proteção (*guardrails*) mínimas viáveis, que, por sua vez, permite empoderamento e autonomia para equipes e equipes de equipes, para que melhorem seus resultados da maneira que acharem melhor, com um lócus de controle interno. Nem todos devem seguir uma abordagem obrigatória, sincronizada e baseada em iteração, por exemplo. Na minha experiência, em uma grande organização com vários contextos, as iterações sincronizadas são adequadas a um cenário (por exemplo, muitas equipes em um produto com baixo nível de controle e dependências que não foram removidas ou aliviadas) e inadequadas a 99 outros contextos. Não se trata de aplicar uma mentalidade ágil à agilidade. Algumas áreas de negócios são melhores quando adotam uma abordagem *Kanban* desde o início, especialmente se houver uma cultura patológica na qual os mensageiros são mortos. Se a evolução prevalecer sobre a revolução, há uma chance de progresso. A revolução implicará lutas: com a falta de segurança psicológica, os anticorpos serão fortalecidos. Algumas áreas de negócios, com pessoas que trabalham dessa forma em ilhas de agilidade há mais de 20 anos e com segurança psicológica, podem optar por uma abordagem mais revolucionária, pois o solo está mais fértil, as pessoas estão mais dispostas a novas ideias e experimentos fracassados são vistos de forma positiva.

O Disciplined Agile permite uma abordagem heterogênea, não homogênea, em organizações diversas e complexas. Inclui os princípios de "ter opções é bom", "contexto conta" e "consciência corporativa". Ele habilita a disciplina que as organizações precisam, sem querer a qualquer custo fazer quadrados passarem por buracos redondos. Ele provê um vocabulário comum e, com as metas de processo, proporciona opções a serem consideradas em seu contexto exclusivo com níveis variados de domínio. Isso exige que as pessoas pensem em vez de seguir ordens, apropriem-se dos processos e experimentem para alcançar resultados específicos, e não busquem o ágil só porque é ágil. Isso é mais difícil do que seguir uma receita de bolo ou um *ditado*: requer liderança servidora e *coaching*, da mesma forma que aprender a dirigir, esquiar, tocar um instrumento musical,tocar em uma orquestra ou jogar em um esporte coletivo. Como não existe tamanho único e nem receita de bolo (por exemplo, é uma falácia copiar "o modelo Spotify" para toda a empresa, pois o próprio Spotify® diz não operar com o modelo Spotify), essa abordagem sensível ao contexto, de convite em vez de imposição, leva a melhores resultados e é mais provável que dure mais, pois veio de dentro: o lócus de controle é interno e é de apropriação. Não existe mais pessoas culpadas nem ninguém mantendo artificialmente as coisas tensionadas. A organização começa a ganhar musculatura de melhoria contínua.

Dentro do Disciplined Agile, se as equipes optarem por adotar o Scrum, um padrão em escala de Scrum, como LeSS, SAFe°, Nexus° ou Scrum at Scale, ou adotar uma abordagem de trabalho em andamento limitada e evolutiva baseada em sistemas puxados (*pull system*), com o objetivo de otimizar os resultados em seu contexto único, elas são livres para fazê-lo: #TodosOsFrameworks, não #NenhumFramework ou #UmFramework. O DA fornece a uniformização do mínimo viável, bem como orientação, características necessárias para qualquer tipo de organização que não seja a empresa mais simples que existe.

O trabalho para o qual você está empregando o Disciplined Agile é possibilitar abordagens ágeis heterogêneas e sensíveis ao contexto, que maximizarão os resultados em toda a organização. Como em tudo, trate-o como um ponto de partida, não de chegada. À medida que o nível de domínio de toda a organização aumenta, continue inspecionando e adaptando. Este livro é um guia indispensável para quem procura otimizar formas de trabalhar em organizações heterogêneas.

Jonathan Smart @jonsmart
Líder de agilidade empresarial, Deloitte
Ex-chefe de modos de trabalho (WoWs), Barclays

Prefácio

O desenvolvimento de software é incrivelmente simples e, se formos um tanto ousados, é muito provável que seja o empreendimento mais simples nas organizações modernas. Requer muito pouca habilidade técnica, exige pouca ou nenhuma colaboração por parte dos desenvolvedores, e é tão rotineiro e repetitivo que qualquer um pode criar um software seguindo um processo simples e repetível. As poucas técnicas de desenvolvimento de software foram estabelecidas e aceitas décadas atrás, são facilmente aprendidas em apenas alguns dias, e são bem aceitas e conhecidas por todos os profissionais de software. Nossas partes interessadas podem comunicar claramente suas necessidades no início do ciclo de vida, estão sempre disponíveis e muito dispostas para trabalhar conosco, nunca mudando de ideia. As fontes de dados e *softwares* criados no passado são de alta qualidade, fáceis de entender e evoluir, vindo com conjuntos de testes de regressão totalmente automatizados e documentação de apoio de alta qualidade. As equipes de desenvolvimento de software sempre têm controle total de seu destino e são apoiadas por práticas eficazes de governança corporativa, aquisições e financiamento, que refletem e viabilizam as realidades que enfrentamos. E, claro, contratar e reter desenvolvedores de software talentosos é uma tarefa fácil.

Infelizmente, muito pouco ou nada no parágrafo anterior possui nem a mais pálida semelhança com a situação enfrentada pela sua organização de hoje. O desenvolvimento de software é complexo, os ambientes em que os desenvolvedores de software trabalham são complexos, as tecnologias com as quais trabalhamos são complexas e mudam constantemente, e os problemas que devemos resolver são complexos e em constante evolução. Chegou a hora de abraçar essa complexidade, aceitar a situação que enfrentamos e escolher enfrentá-la de frente.

Por que você precisa ler este livro?

Um dos princípios do ágil é que uma equipe deve regularmente ser um reflexo de sua estratégia e lutar para melhorá-la. Uma maneira de fazer isso é o jogo retrospectivo do veleiro, em que perguntamos quais são as âncoras que nos prendem, a quais rochas ou tempestades devemos estar atentos e qual vento nas nossas velas nos impulsionará ao sucesso. Então, vamos jogar este jogo no cenário atual do desenvolvimento ágil de produtos no contexto de alguém (digamos que seja você) que quer ajudar sua equipe a escolher e evoluir seu modo de trabalhar (WoW).

Primeiro, há várias coisas que potencialmente estão nos impedindo:

1. **O desenvolvimento de produtos é complexo.** Como profissionais, recebemos muito dinheiro, porque o que fazemos é complexo. Nosso WoW deve abordar como resolver requisitos, arquitetura, teste, design, programação, gerenciamento, implantação, governança e muitos outros aspectos do desenvolvimento de software/produto em uma infinidade de maneiras. E deve descrever como fazer isso ao longo de todo o ciclo de vida, do início ao fim, além de abordar a situação única com a qual nossa equipe deve lidar. De muitas maneiras, este livro é um espelho das complexidades enfrentadas pelos desenvolvedores de software e fornece um kit de ferramentas flexível e sensível ao contexto para lidar com elas.

2. **Complexo industrial ágil (AIC).** Martin Fowler, em uma palestra em Melbourne, em agosto de 2018, cunhou a frase "agile industrial complex", ou AIC [Fowler]. Ele argumentou que estamos agora na era da AIC, com estruturas prescritivas sendo rotineiramente impostas às equipes, bem como a toda a organização, presumivelmente para fornecer à gestão um mínimo de controle sobre essa loucura do ágil. Nesses ambientes, um conjunto de processos definidos pelo *framework* escolhido agora será "implantado" — faça sentido para sua equipe ou não. Estamos implantando isso, você vai gostar, você será o dono disso — mas nem pense em tentar mudá-lo ou melhorá-lo, porque a administração espera "limitar a variabilidade dos processos da equipe". Como aconselha Cynefin, você não pode resolver um problema complexo aplicando uma solução simples [Cynefin].

3. **O crescimento ágil excedeu em muito a oferta de *coaches* experientes.** Embora existam ótimos *coaches* de ágil por aí, infelizmente são insuficientes para atender à demanda. *Coaches* eficazes têm ótimas habilidades interpessoais e anos de experiência (não dias de treinamento) no tópico em que irão instruir você. Em muitas organizações, encontramos *coaches* que estão efetivamente aprendendo durante o trabalho, muito parecido em vários aspectos a professores universitários que estão um capítulo à frente dos seus alunos. Eles podem resolver problemas simples, mas têm dificuldades com qualquer coisa muito além do que os processos de AIC que caem no seu colo, e eles se dignam a resolver.

Há também várias coisas a serem observadas que podem nos deixar presos no atoleiro:

- **Falsas promessas.** Você pode ter ouvido *coaches* de ágil afirmarem que atingem um aumento de produtividade de 10 vezes por meio da adoção do ágil, mas não conseguem mostrar nenhuma métrica para respaldar essas afirmações. Ou quem sabe você já tenha se deparado com um livro cujo título afirma que o Scrum permite que você faça o dobro do trabalho na metade do tempo [Sutherland]? No entanto, a realidade é que as organizações estão tendo, em média, melhorias próximas de 7 a 12% em equipes pequenas, e de 3 a 5% em equipes que trabalham em ampla escala [Reifer].

- **Mais balas de prata.** Como você mata um lobisomem? Um único tiro com uma bala de prata. Em meados da década de 1980, Fred Brooks nos ensinou que não há uma única mudança que você possa fazer no cenário de desenvolvimento de software, nem uma única tecnologia que você possa comprar, um único processo que você possa adotar, uma única ferramenta que você possa instalar, que lhe dê a melhoria de produtividade da magnitude que você provavelmente está pretendendo [Brooks]. Em outras palavras, não há bala de prata para o desenvolvimento de software, independentemente das promessas dos esquemas em que você se torna um "mestre certificado" em dois dias de treinamento, um consultor de programas em quatro dias de treinamento ou qualquer outra promessa de solução rápida. O que você precisa é de pessoas qualificadas, com conhecimento e, quiçá, experientes, trabalhando juntas e de forma eficaz.

- **Populismo nos processos.** Muitas vezes encontramos organizações em que o processo de tomada de decisão da liderança, quando se trata de processo de *software*, se resume a "perguntar a uma empresa de análise da indústria, o que é popular" ou "o que meus concorrentes estão adotando?", em vez de qual é a melhor abordagem para a nossa situação. O populismo nos processos é alimentado por falsas promessas e esperança da liderança de encontrar uma solução mágica para os desafios que eles enfrentam para melhorar os processos de sua organização. A maioria dos métodos e *frameworks* ágeis são prescritivos, independentemente de suas alegações de marketing — quando você recebe um punhado de técnicas entre as milhares que existem e não oferece opções explícitas para o tailoring dessas técnicas, está adotando praticamente o que há de mais prescritivo. Achamos bom que muitas pessoas só queiram saber o que devem fazer, mas a menos que esse método/*framework* realmente lide com o problema real que você enfrenta, adotá-lo provavelmente não ajudará muito a situação.

Felizmente, existem várias coisas que são "ventos em nossas velas" e que impulsionam você a ler este livro:

- **Ele abraça a sua singularidade.** Este livro reconhece que sua equipe é única e enfrenta uma situação única. Chega de promessas falsas de um processo de "tamanho único" (*one-size-fits-all*) que implica uma interrupção significativa e arriscada para ser adotado.
- **Ele abrange a complexidade que você enfrenta.** O Disciplined Agile® (DA™) reflete de forma eficaz as complexidades inerentes que você enfrenta e oferece uma representação acessível para ajudar a orientar seus esforços de melhoria de processo. Chega de métodos simplistas, balas de prata ou *frameworks* de processos que encobrem a infinidade de desafios que suas organizações enfrentam, porque fazer isso não se encaixaria bem no treinamento de certificação que eles esperam vender para você.
- **Ele fornece escolhas claras.** Este livro fornece as ferramentas de que você precisa para tomar melhores decisões de processo que, por sua vez, levarão a melhores resultados. Em suma, ele permite que sua equipe seja dona de seu próprio processo, escolha o modo de trabalhar (WoW) que reflita a direção geral de sua organização. Este livro apresenta uma estratégia comprovada de melhoria contínua guiada (GCI), uma estratégia de melhoria de processo baseada em equipes, em vez da adoção ingênua de um "processo populista".
- **Ele fornece orientações agnósticas.** Este livro não se limita ao conselho de um único *framework* ou método, nem se limita a ágil e *lean*. Nossa filosofia é buscar ótimas ideias independentemente de sua origem e reconhecer que não existem as melhores práticas (nem as piores práticas). Quando aprendemos uma nova técnica, nos esforçamos para entender quais são seus pontos fortes e fracos, e em quais situações aplicá-la (ou não).

Em nosso treinamento, muitas vezes recebemos comentários como "Eu gostaria de saber disso há 5 anos", "Gostaria que meus *coaches* de Scrum soubessem disso agora" ou "Quando vim para este *workshop*, pensei que já sabia tudo sobre desenvolvimento ágil… eu não poderia estar mais errado". Desconfiamos que você se sentirá exatamente da mesma maneira sobre este livro.

Como este livro está organizado

Este livro está organizado em sete capítulos:

- **Capítulo 1: A escolha do seu WoW!** Uma visão geral do kit de ferramentas do Disciplined Agile (DA).
- **Capítulo 2: Ser disciplinado.** Os valores, princípios e filosofias para agilistas disciplinados.
- **Capítulo 3: Disciplined Agile Delivery em uma casca de noz.** Uma visão geral do Disciplined Agile Delivery (DAD), a parte da entrega da solução no kit de ferramentas do DA.
- **Capítulo 4: Papéis, direitos e responsabilidades.** Uma discussão sobre as pessoas e suas interações.
- **Capítulo 5: As metas de processo.** Como se concentrar nos resultados do processo, em vez de se adequar às prescrições, para que sua equipe tenha uma abordagem adequada ao propósito (*fit-for-purpose*).
- **Capítulo 6: A escolha do ciclo de vida certo.** Como as equipes podem trabalhar de maneiras únicas, e mesmo assim serem governadas de forma consistente.
- **Capítulo 7: Sucesso disciplinado.** Para onde ir a partir daqui.

E, claro, há o material de apoio, que inclui referências, uma lista de abreviaturas e um índice.

Para quem este livro foi escrito

Este livro é para pessoas que desejam melhorar o modo de trabalhar (WoW) de sua equipe. Pessoas dispostas a pensar fora da "caixa do ágil" e experimentar novos WoWs, independentemente de sua pureza ágil. Pessoas que percebem que contexto conta, que todos enfrentam situações únicas e trabalharão de maneiras únicas, e que um processo não serve para todas as situações. Este livro é para pessoas que percebem que, embora estejam em uma situação única, outras já enfrentaram situações semelhantes antes e descobriram uma variedade de estratégias que podem adotar e adaptar: você pode reutilizar o aprendizado do processo de outras pessoas e, assim, investir suas energias em agregar valores essenciais à sua organização.

Nosso objetivo ao escrever este livro é fornecer uma visão geral do DA com foco na parte de DAD.

Agradecimentos

Gostaríamos de agradecer às seguintes pessoas por todas as suas contribuições e pelo trabalho intenso que dedicaram a nos ajudar a escrever este livro. Nós não teríamos conseguido sem vocês.

Beverley Ambler
Joshua Barnes
Klaus Boedker
Kiron Bondale
Tom Boulet
Paul Carvalho
Chris Celsie
Daniel Gagnon
Drennan Govender
Bjorn Gustafsson
Michelle Harrison
Michael Kogan
Katherine Lines
Louise Lines
Glen Little
Lana Miles
Valentin Tudor Mocanu

Maciej Mordaka
Charlie Mott
Jerry Nicholas
Edson Portilho
Simon Powers
Aldo Rall
Frank Schophuizen
Al Shalloway
David Shapiro
Paul Sims
Kim Shinners
Jonathan Smart
Roly Stimson
Jim Trott
Klaas van Gend
Abhishek Vernal
Jaco Viljoen

Índice

Capítulo 1

Escolhendo seu WoW!

O orgulho de um homem pode ser sua ruína, e ele precisa aprender quando recorre aos outros para ter apoio e orientação. – Bear Grylls

Pontos-chave deste capítulo

- Equipes de Disciplined Agile Delivery (DAD) têm autonomia para escolher seu modo de trabalhar (WoW).
- Você precisa "ser ágil" e saber como "fazer ágil".
- O desenvolvimento de software é complicado; não há uma resposta fácil de como fazê-lo.
- O Disciplined Agile® (DA™) fornece a estrutura de suporte (um kit de ferramentas de orientações agnósticas) para a Escolha do seu WoW™.
- Outras pessoas enfrentaram e superaram desafios semelhantes aos seus. O DA permite que você aproveite seus aprendizados.
- Você pode usar este livro para orientar como escolher inicialmente seu WoW e depois evoluí-lo ao longo do tempo.
- O objetivo real é atingir de forma eficaz os resultados organizacionais desejados, não ser ágil ou fazer ágil.
- Melhores decisões levam a melhores resultados.

Bem-vindo(a) ao *Escolha o seu WoW!*, o livro sobre como equipes de desenvolvimento de software ágeis, ou, mais especificamente, como as equipes de entrega de soluções ágeis/lean podem escolher o seu WoW (way of working) – ou seja, o seu modo de trabalhar. Este capítulo descreve alguns conceitos fundamentais sobre por que escolher seu WoW é importante, estratégias fundamentais para fazê-lo e como este livro pode ajudar você a ser eficaz nisso.

Por que as equipes devem escolher seu WoW?

As equipes ágeis são comumente instruídas a serem donas de seu processo, a escolher seu WoW. Este é um conselho muito bom por vários motivos:

- **Contexto conta.** Pessoas e equipes trabalham de forma diferente dependendo do contexto de sua situação. Cada pessoa é única, cada time é único e cada equipe está em uma situação única. Uma equipe de cinco pessoas trabalhará de maneira diferente de uma equipe de 20 e, essa, de uma equipe de 50. Uma equipe em uma situação de regulamentação em sistemas de missão crítica trabalhará de modo diferente de uma equipe em uma situação sem regulamentação. Nosso time trabalhará de modo diferente do seu, porque somos pessoas diferentes com conjuntos de habilidades, preferências e origens específicas.
- **Ter opções é bom.** Para ser eficaz, a equipe deve ser capaz de escolher as práticas e estratégias para lidar com a situação que enfrenta. Isso significa que seus membros precisam saber quais são essas opções, quais são as concessões (trade-offs) implicadas e quando (ou não) aplicar cada uma. Em outras palavras, eles precisam ter uma experiência profunda em processos de software (algo que poucos têm), ou ter um bom guia para ajudá-los a fazer essas escolhas relacionadas aos processos. Felizmente, este livro é um ótimo guia.
- **Devemos otimizar o fluxo.** Queremos ser eficazes na forma como trabalhamos e, de forma ideal, encantar nossos clientes e partes interessadas ao mesmo tempo. Para fazer isso, precisamos otimizar o fluxo de trabalho dentro de nossa equipe e a forma como colaboramos com outras equipes em toda a organização.
- **Queremos ser incríveis.** Quem não quer ser incrível no que faz? Quem não quer trabalhar em uma equipe incrível ou para uma organização incrível? Uma parte significativa de ser incrível é permitir que as equipes escolham seu WoW e experimentem constantemente para identificar maneiras ainda melhores de trabalhar.

Em suma, acreditamos que é hora de retomar a agilidade. Martin Fowler cunhou recentemente o termo agile industrial complex (complexo industrial ágil) para se referir à observação de que muitas equipes estão seguindo uma estratégia "ágil falsa", às vezes chamada de "ágil somente no nome" (ou AINO [agile in name only]). Isso geralmente é o resultado de organizações que adotam um framework prescritivo, como o Scaled Agile Framework (SAFe®) [SAFe], e, em seguida, forçam as equipes a adotá-la, independente de fazer sentido (e raramente faz), ou obrigam os times a seguir uma aplicação padrão do Scrum [ScrumGuide; SchwaberBeedle]. No entanto, o ágil canônico é muito claro: trata-se de indivíduos e interações mais que processos e ferramentas — as equipes devem ter permissão e, melhor ainda, apoio, para escolher e desenvolver seu WoW.

Você precisa "ser ágil" e saber como "fazer de forma ágil"

Olivia, a filha de Scott, tem 11 anos. Ela e seus amigos são algumas das pessoas mais ágeis que já conhecemos. Eles são respeitosos (tanto quanto crianças de 11 anos podem ser), têm a mente aberta, são colaborativos, estão ansiosos para aprender e estão sempre experimentando. Eles claramente adotam uma mentalidade ágil, mas se pedíssemos a eles para desenvolver um software, seria um desastre. Por quê? Porque eles não têm as habilidades. Da mesma forma, seria um desastre pedir a eles para negociar um contrato multimilionário, desenvolver uma estratégia de marketing para um novo produto, liderar um fluxo de valor (value stream) com 4.000 pessoas e assim por diante. Eles poderiam ganhar essas habilidades com o tempo, mas agora simplesmente não sabem o que estão fazendo, embora sejam muito ágeis. Também vimos equipes compostas por millennials que colaboram com muita naturalidade e têm as habilidades necessárias para realizar seus trabalhos, embora talvez ainda não tenham experiência suficiente para entender as implicações organizacionais do seu trabalho. E, é claro, vimos equipes de pessoas com décadas de experiência, mas muito pouca experiência em fazer isso de forma colaborativa. Nenhuma dessas situações é ideal. Estamos querendo dizer que é absolutamente essencial ter uma mentalidade ágil, para "ser ágil", mas você também precisa ter as habilidades necessárias para "fazer ágil" e a experiência para "fazer ágil organizacional" (enterprise agile). Um aspecto importante deste livro é que ele aborda de forma abrangente as habilidades potenciais exigidas por equipes ágeis/lean para ter sucesso.

O objetivo real é atingir de forma eficaz os resultados organizacionais desejados, e não ser/fazer ágil. De que adianta trabalhar de maneira ágil se você está produzindo a coisa errada, ou produzindo algo que você já tem, ou está produzindo algo que não se encaixa nos objetivos da sua organização? Nosso foco real deve ser alcançar os resultados que tornarão nossa organização bem-sucedida, e nos tornar mais eficaz em nosso WoW nos ajudará a fazer isso.

Aceite que não há resposta fácil

O que fazemos como profissionais é desafiador, caso contrário, já estaríamos desempregados. Você e sua equipe trabalham no contexto da sua organização, usando um conjunto de tecnologias que estão evoluindo para uma ampla variedade de necessidades de negócios. E você está trabalhando com pessoas de origens diferentes, preferências diferentes, experiências diferentes, objetivos de carreira diferentes, e elas podem estar subordinadas a um grupo diferente ou até mesmo a uma organização diferente da sua.

Acreditamos em englobar essa complexidade porque é a única maneira de ser eficaz e, melhor ainda, de ser incrível. Quando minimizamos ou até mesmo ignoramos aspectos importantes do nosso WoW (por exemplo, arquitetura), tendemos a cometer erros dolorosos nessa área. Quando diminuímos aspectos de nosso WoW, como governança, talvez porque tivemos experiências ruins no passado com governança não tão ágil, corremos o risco de pessoas de fora de nossa equipe assumirem a responsabilidade por esse aspecto e impor suas práticas não ágeis sobre nós. Dessa forma, em vez de viabilizar nossa agilidade, elas atuam como impedimentos.

Podemos nos beneficiar do aprendizado dos outros

Um erro comum que as equipes cometem é acreditar que só porque enfrentam uma situação única, precisam descobrir seu WoW do zero. Nada pode ser mais distante da verdade. Quando você começa a planejar e desenvolver um novo aplicativo, desenvolve uma nova linguagem, um novo compilador, novas bibliotecas de código, e assim por diante, o faz do zero? Claro que não. Você adota componentes que já existem por aí, combinando-os de uma maneira única e depois os modifica conforme necessário. As equipes de desenvolvimento, independentemente da tecnologia, utilizam frameworks e bibliotecas comprovadas para melhorar a produtividade e a qualidade. Deve ser a mesma coisa com o processo. Como você pode ver neste livro, existem centenas, se não milhares, de práticas e estratégias que foram comprovadas no mundo real por milhares de equipes antes de você. Você não precisa começar do zero: você pode desenvolver seu WoW combinando práticas e estratégias existentes e depois modificá-las de forma apropriada para lidar com a situação em questão. O Disciplined Agile (DA) fornece o kit de ferramentas para orientar você de maneira simplificada e acessível. Desde o nosso primeiro livro sobre o Disciplined Agile Delivery (DAD) [AmblerLines2012], recebemos o feedback de que, embora seja visto como um conjuntoextremamente rica de estratégias e práticas, os profissionais às vezes lutam para entender como consultá-las e aplicá-las. Um dos objetivos deste livro é tornar o DAD mais acessível para que você possa encontrar facilmente o que precisa para personalizar seu WoW.

Uma coisa que você notará ao longo do livro é que fornecemos muitas referências. Fazemos isso por três motivos: primeiro, para dar crédito a quem é de direito. Segundo, para que você saiba aonde ir para conseguir mais detalhes. E, terceiro, para permitir que nos concentremos em resumir as várias ideias e colocá-las em contexto, em vez de entrar nos detalhes de cada uma delas. Nossa abordagem ao uso de referências é usar o formato: "[NomeSignificativo]" quando houver uma entrada correspondente nas referências ao final do livro.

O conhecimento do DA faz de você um membro da equipe muito mais valioso

Ouvimos de muitas organizações que usam o DA — e elas nos permitem citá-las — que os membros de equipes que investiram no aprendizado do DA (e provaram isso por meio de certificações desafiadoras) se tornaram contribuidores mais valiosos. A razão, para nós, é bastante clara. Entender uma biblioteca de estratégias comprovadas significa que as equipes tomarão melhores decisões e "falharão rápido" menos vezes, e "aprenderão e terão sucesso mais cedo". A falta de autoconsciência coletiva das opções disponíveis é uma fonte comum de equipes que lutam para atender às suas expectativas de agilidade — e é exatamente isso que acontece quando você adota métodos/frameworks prescritivos que não oferecem opções. Espera-se que cada membro da equipe, especialmente os consultores, traga um kit de ferramentas com ideias para customizar o processo da equipe como parte da auto-organização. Um kit de ferramentas mais abrangente e terminologia assimilada por todos é uma coisa boa.

O kit de ferramentas do Disciplined Agile (DA) fornece orientação acessível

Uma coisa que aprendemos ao longo do tempo é que algumas pessoas, embora entendam os conceitos de DA lendo livros ou participando de workshops, têm dificuldade para aplicar o DA. O DA é um guia de conhecimento extremamente rico, apresentado de maneira acessível.

A boa notícia é que o conteúdo deste livro é organizado por metas e, usando a abordagem orientada a metas, é fácil encontrar a orientação necessária para a situação em questão. Veja como você pode aplicar este kit de ferramentas em seu trabalho diário para ser mais eficaz na obtenção dos resultados desejados:

- Referência de processo contextualizada
- Melhoria contínua guiada (guided continuous improvement, GCI)
- Workshops de tailoring de processos
- Retrospectivas aprimoradas
- Coaching aprimorado

Referência de processo contextualizada

Como descrevemos anteriormente, este livro pretende ser um material de referência. Você verá que convém mantê-lo sempre por perto para consultar rapidamente as estratégias disponíveis quando enfrentar desafios específicos. Este livro apresenta escolhas de processos e, mais importante, coloca essas escolhas em contexto. O DA fornece três níveis de estrutura de suporte para fazer isso:

1. **Ciclos de vida.** No nível mais alto da orientação do WoW estão os ciclos de vida, que é o mais próximo que o DAD chega de uma metodologia. O DAD oferece suporte a seis ciclos de vida diferentes, como você pode ver na Figura 1.1, para fornecer às equipes a flexibilidade de escolher uma abordagem que faça mais sentido para elas. O Capítulo 6 explora os ciclos de vida e como escolher entre eles, com mais detalhes. Também descreve como as equipes ainda podem ser governadas de forma consistente, embora estejam trabalhando de maneiras diferentes.

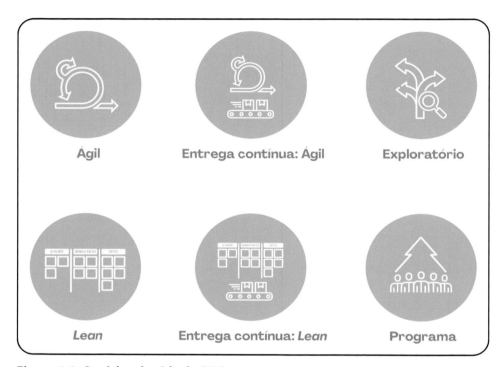

Figura 1.1 Os ciclos de vida do DAD.

2. **Metas de processo.** A Figura 1.2 apresenta o diagrama de metas do processo **Melhorar a qualidade**, e a Figura 1.3 apresenta uma visão geral da notação dos diagramas de metas. O DAD é descrito como um conjunto de 24 metas de processo, ou resultados de processo, se você preferir. Cada meta é descrita como um conjunto de pontos de decisão, problemas que sua equipe precisa determinar se devem resolvê-los e, em caso afirmativo, como fará isso. As práticas/estratégias potenciais para tratar um ponto de decisão, que podem ser combinadas, são apresentadas na forma de listas. Os diagramas de metas são conceitualmente semelhantes aos mapas mentais, embora com a extensão da seta representando a eficácia relativa das opções em alguns casos. Os diagramas de metas são, na verdade, guias explícitos para ajudar uma equipe a escolher as melhores estratégias que consegue executar agora, dadas as suas habilidades, cultura e situação. O Capítulo 5 explora a abordagem orientada a metas com mais detalhes.

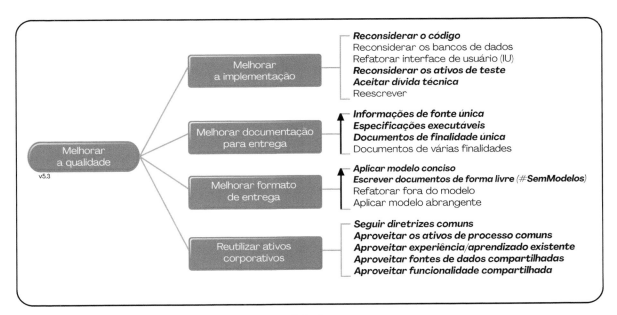

Figura 1.2 A meta do processo Melhorar a qualidade.

3. **Práticas/estratégias.** No nível mais detalhado da orientação do WoW estão as práticas e estratégias, descritas nos diagramas de metas nas listas do lado direito. Uma implicação importante dos diagramas de metas, como o da Figura 1.2, é que você precisa de menos experiência em processos para identificar potenciais práticas/estratégias a serem testadas. O que você precisa é de uma compreensão dos fundamentos do DA, descritos neste livro, e a familiaridade com os diagramas de metas para que possa localizar rapidamente as potenciais opções. Você não precisa memorizar todas as opções disponíveis, porque pode procurá-las, e não precisa ter um conhecimento profundo de cada opção, porque elas são vistas e contextualizadas no Disciplined Agile Browser [DABrowser]. A Figura 1.4 mostra um exemplo. Nesse caso, você pode ver algumas das informações que descrevem os pontos de decisão de Melhorar implementação, da meta do processo **Melhorar a qualidade**. Você pode ver uma descrição do ponto de decisão mais as duas primeiras opções (na ferramenta, você rolaria para baixo para exibir o restante das opções).

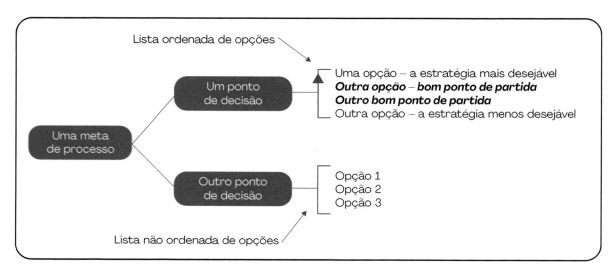

Figura 1.3 Notação do diagrama de metas.

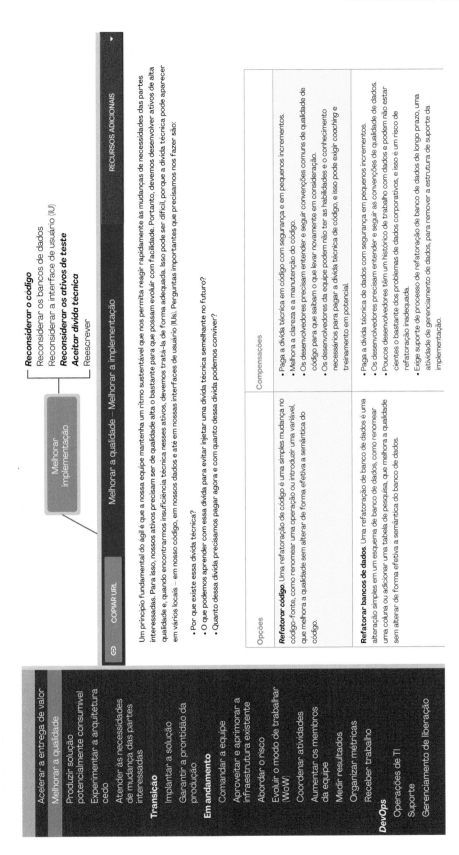

Figura 1.4 Detalhes da técnica capturados no DA Browser.

A melhoria acontece em muitos níveis

A melhoria do processo, ou evolução do WoW, ocorre em toda a sua organização. As organizações são uma coleção de equipes e grupos que interagem, e cada um evolui continuamente. À medida que as equipes evoluem seus WoWs, elas incentivam mudanças nas outras equipes com as quais interagem. Por causa dessa constante evolução do processo e porque as pessoas são únicas, torna-se imprevisível como elas vão trabalhar juntas ou quais serão os resultados desse trabalho. Em suma, sua organização é um sistema adaptativo complexo (complex adaptive system, CAS) [Cynefin]. Esse conceito é visto na Figura 1.5, que descreve times, áreas organizacionais (como divisões, linhas de negócios ou value stream) e equipes corporativas. A Figura 1.5 é uma simplificação, porque o diagrama já é complicado o suficiente — há muito mais interações entre equipes e através das fronteiras organizacionais e, em grandes empresas, uma área organizacional pode ter seus próprios grupos "corporativos", como arquitetura corporativa ou finanças.

Existem várias implicações interessantes para a escolha do seu WoW:

1. **Cada equipe terá um WoW diferente.** Nós realmente não nos cansamos de afirmar isso.
2. **Vamos evoluir nosso WoW para refletir os aprendizados sempre que trabalharmos com outras equipes.** Não apenas alcançamos qualquer resultado que nos propusemos ao trabalhar com outra equipe, como também muitas vezes aprendemos novas técnicas com eles ou novas maneiras de colaborar (que eles podem ter aprendido ao trabalhar com outras equipes).

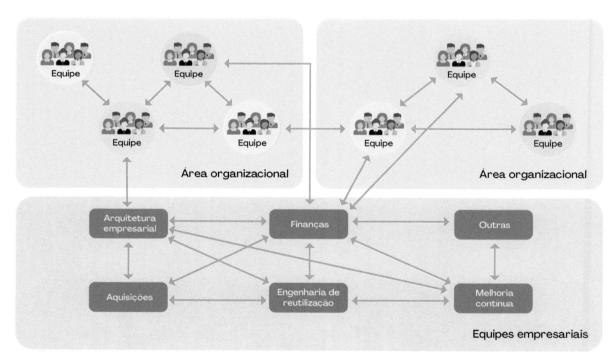

Figura 1.5 Em suma, sua organização é um sistema adaptativo complexo (CAS).

3. **Podemos deliberadamente optar por aprender com outras equipes.** Existem muitas estratégias que podemos adotar em nossa organização para compartilhar aprendizados entre equipes, incluindo apresentações de experts, comunidades de prática (CoPs)/guildas, coaching e muitas outras. As estratégias em nível de equipe são capturadas na meta do processo **Evoluir WoW** e as estratégias em nível organizacional na lâmina do processo Melhoria contínua[1] [ContinuousImprovement]. Em suma, o kit de ferramentas do DA é um recurso evolutivo que você pode aplicar na escolha agnóstica do seu WoW.

4. **Podemos nos beneficiar dos esforços de transformação/melhoria organizacional.** A melhoria pode e deve acontecer no nível da equipe. Também pode acontecer no nível da área organizacional (por exemplo, podemos trabalhar para otimizar o fluxo entre as equipes dentro de uma área). A melhoria também precisa ocorrer fora das equipes de DAD (por exemplo, podemos ajudar os grupos de arquitetura corporativa, finanças e gerenciamento de pessoas a colaborarem com o resto da organização de forma mais eficaz).

Como mostra a Figura 1.6, o kit de ferramentas de DA é organizado em quatro camadas:

1. **Fundamentos.** A camada de fundamentos fornece os elementos básicos conceituais do kit de ferramentas do DA.

2. **Disciplined DevOps.** O DevOps é a orquestração do desenvolvimento e das operações de soluções, e o Disciplined DevOps é uma abordagem corporativa ao DevOps. Essa camada inclui o Disciplined Agile Delivery (DAD), que é o foco deste livro, além de outros aspectos corporativos do DevOps.

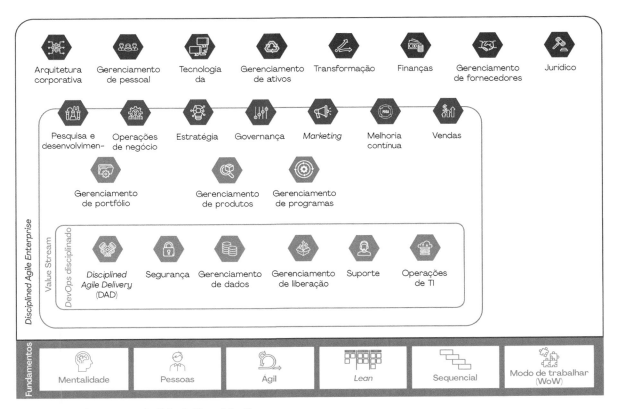

Figura 1.6 O escopo do Disciplined Agile.

---

[1] Uma lâmina de processo aborda uma área de processo coesa, como gerenciamento de ativos, finanças ou segurança.

3. **Value Stream.** A camada de value stream é baseada no FLEX, de Al Shalloway, agora chamado de DA FLEX. Não basta ser inovador em ideias se essas ideias não puderem ser concretizadas no mercado ou na empresa. O DA FLEX é a cola que une as estratégias de uma organização, pois visualiza como é um value stream eficaz, permitindo que você tome decisões para melhorar cada parte da organização dentro de todo o contexto.
4. **Disciplined Agile Enterprise (DAE).** A camada DAE concentra-se no restante das atividades corporativas que dão suporte aos value streams da sua organização.

As equipes, independentemente do nível em que atuam, podem e devem escolher seu WoW. O foco neste livro está nas equipes de DAD, embora às vezes nos aprofundemos em questões organizacionais e entre equipes quando apropriado.

Melhoria contínua guiada (GCI)

Muitas equipes iniciam sua jornada ao ágil adotando métodos ágeis como Scrum [ScrumGuide; SchwaberBeedle], Extreme Programming (XP) [Beck] ou Dynamic Systems Development Method (DSDM)-Atern [DSDM]. Grandes equipes que lidam com "escalas" (discutiremos o que escala realmente significa no Capítulo 2) podem optar por adotar SAFe° [SAFe], LeSS [LeSS] ou Nexus° [Nexus], apenas para citar alguns. Cada um desses métodos/frameworks aborda uma classe específica de problemas que as equipes ágeis enfrentam e, do nosso ponto de vista, são bastante prescritivos, pois não fornecem muitas opções. Às vezes, principalmente quando os frameworks são aplicados a contextos em que não se encaixam perfeitamente, as equipes geralmente descobrem que precisam investir um tempo significativo para "desescalar" a fim de remover técnicas que não se aplicam à sua situação e, em seguida, adicionar outras técnicas aplicáveis. Dito isto, quando os frameworks são aplicados no contexto apropriado, eles podem funcionar muito bem na prática. Quando você adota com sucesso um desses métodos/frameworks prescritivos, a eficácia de sua equipe tende a seguir a curva mostrada na Figura 1.7. No início, há uma queda na eficácia, porque a equipe está aprendendo um novo modo de trabalhar, está investindo tempo em treinamento e muitas vezes as pessoas estão aprendendo novas técnicas. Com o tempo, a eficácia aumenta, indo além do que era originalmente, mas por fim se estabiliza à medida que a equipe se enquadra em seu novo WoW. As coisas melhoraram, mas sem um esforço conjunto para continuar a melhorar, você descobre que a eficácia da equipe se estabiliza.

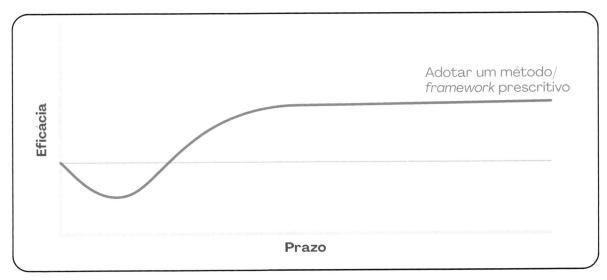

Figura 1.7 Eficácia da equipe ao adotar um método ou framework ágil.

Alguns dos comentários que recebemos sobre a Figura 1.7 indicam que isso não é possível, que o Scrum promete que você pode fazer o dobro do trabalho na metade do tempo [Sutherland]. Infelizmente, essa afirmação de uma melhoria 4 vezes maior da produtividade não parece se sustentar na prática. Um estudo recente com 155 organizações, 1.500 equipes em cascata (waterfall) e 1.500 equipes ágeis, descobriu que os aumentos reais de produtividade das equipes ágeis, principalmente após o Scrum, estão mais próximos de 7 a 12% [Reifer]. Em escala, quando a maioria das organizações adotou o SAFe, a melhoria cai para 3 a 5%.

São muitas as formas que uma equipe pode adotar para melhorar seu WoW, estratégias capturadas pela meta do processo **Evoluir WoW**. Muitas pessoas recomendam uma abordagem experimental para melhorar, e descobrimos que os experimentos guiados são ainda mais eficazes. A comunidade ágil fornece muitos conselhos sobre retrospectivas, que são sessões de trabalho em que uma equipe reflete sobre como melhorar, e a comunidade lean fornece ótimos conselhos sobre como agir com reflexões [Kerth]. A Figura 1.8 resume o loop de melhoria [Deming] de planejar-fazer-estudar-agir (PDSA) de W. Edward Deming, às vezes chamado de loop kaizen. Essa foi a primeira abordagem de Deming para a melhoria contínua, que mais tarde ele evoluiu para planejar-fazer-checar-agir (PDCA), que se tornou popular na comunidade empresarial na década de 1990 e na comunidade ágil no início dos anos 2000. Mas o que muitas pessoas não sabem é que depois de experimentar o PDCA por vários anos, Deming percebeu que não era tão eficaz quanto o PDSA, e voltou a usar este último. A principal diferença é que a atividade "estudar" motivava as pessoas a medir e pensar mais profundamente sobre se uma mudança funcionou bem para elas na prática. Portanto, decidimos respeitar os desejos de Deming e recomendar o PDSA em vez do PDCA, pois descobrimos que um pensamento crítico como esse resulta em melhorias que grudam. Algumas pessoas gravitam em torno do loop OODA (observar-orientar-decidir-agir) do Coronel da Força Aérea dos EUA John Boyd para orientar seus esforços de melhoria contínua — como sempre, nosso conselho é fazer o que funciona para você [Coram]. Independentemente de qual loop de melhoria você adotar, lembre-se de que sua equipe pode, e talvez deva, executar vários experimentos em paralelo, principalmente quando as potenciais melhorias estiverem em diferentes áreas do seu processo e, portanto, não afetarão umas às outras (se afetarem umas às outras, fica difícil determinar a eficácia de cada experimento).

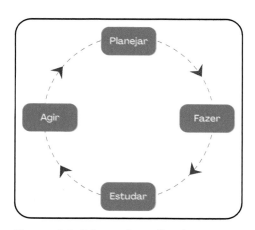

Figura 1.8 O loop de melhoria contínua PDSA.

A ideia básica da estratégia de loop de melhoria contínua PDSA/PDCA/OODA é aprimorar o seu WoW como uma série de pequenas mudanças, uma estratégia que a comunidade lean chama de kaizen, que significa "melhoria" em japonês. Na Figura 1.9, você vê o fluxo de trabalho para executar um experimento. O primeiro passo é identificar uma melhoria potencial, como uma nova prática ou estratégia, que você deseja experimentar para ver como funciona no contexto de sua situação. A eficácia de uma potencial melhoria é determinada pela medição em relação a resultados claros, talvez identificados por meio da abordagem goal question metric (GQM) [GQM] ou objetivos e resultados-chave (objectives and key results, OKRs) [Doer]. Medir a eficácia da aplicação do novo WoW é um exemplo de aprendizagem validada [Ries]. É importante observar que a Figura 1.9 fornece uma descrição detalhada de uma única passagem pelo loop de melhoria contínua de uma equipe.

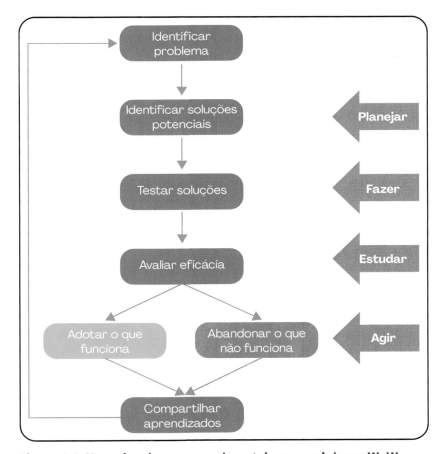

Figura 1.9 Uma abordagem experimental para evoluir seu WoW.

O valor do DA é que ele pode orientar você nessa etapa de identificação, ajudando a identificar de forma agnóstica uma nova prática/estratégia que provavelmente endereçará o desafio que você espera enfrentar. Ao fazer isso, você aumenta sua chance de identificar uma melhoria potencial que funcione para ao seu caso, acelerando assim seus esforços para melhorar seu WoW — chamamos isso de melhoria contínua guiada (GCI). Em suma, neste nível, o kit de ferramentas de DA permite que você tenha mais rapidamente um time de alta performance. No livro original do DAD, descrevemos uma estratégia chamada "melhoria medida" que funcionava de maneira muito semelhante.

Uma estratégia semelhante que achamos muito eficaz na prática é o Lean Change[2] [LeanChange1; LeanChange2], particularmente ao nível organizacional. O ciclo de gerenciamento de mudanças lean, visto na Figura 1.10, aplica ideias do Lean Startup [Ries] em que você tem insights (hipóteses), identifica potenciais opções para abordar seus insights e, em seguida, executa experimentos na forma de mudanças mínimas viáveis (minimum viable changes, MVCs). Essas MVCs são introduzidas, podendo ser executadas por um tempo e, em seguida, os resultados são medidos para determinar a eficácia delas na prática. As equipes podem optar por manter as mudanças que funcionam bem para elas na situação que enfrentam, e abandonar as mudanças que não funcionam bem. Quando a GCI permite que as equipes tenham alta performance, o Lean Change capacita organizações de alta performance.

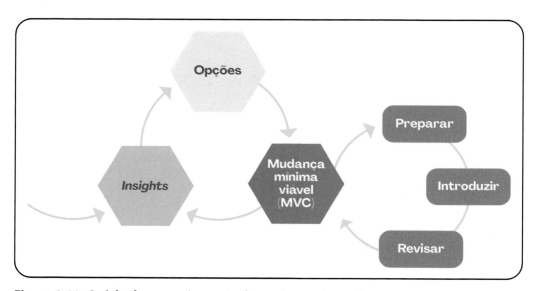

Figura 1.10 O ciclo de gerenciamento de mudanças Lean Change.

A curva de aprimoramento de estratégias de melhoria contínua (não guiadas) é mostrada na Figura 1.11 como uma linha tracejada. Você pode ver que ainda há um pouco de queda de produtividade no início, à medida que as equipes aprendem como identificar MVCs e depois executar os experimentos, mas isso é efêmero e de curta duração. A linha completa representa a curva da GCI no contexto; as equipes são mais propensas a identificar opções que funcionarão para elas, resultando em uma taxa mais alta de experimentos positivos e, portanto, uma taxa mais rápida de melhoria. Em resumo, melhores decisões levam a melhores resultados.

---

[2] Na lâmina de processo de transformação do DA, PMI.org/disciplined-agile/process/transformation, mostramos como aplicar o Lean Change no nível organizacional.

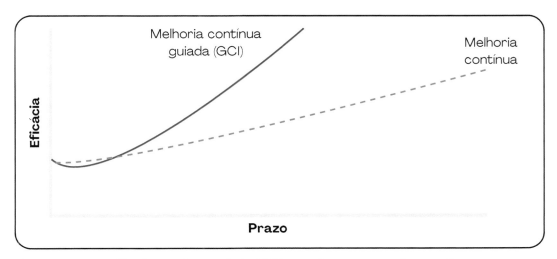

Figura 1.11 A melhoria contínua guiada (GCI) permite que as equipes melhorem mais rapidamente.

É claro que nenhuma das linhas da Figura 1.11 é perfeita. Uma equipe terá altos e baixos, com alguns experimentos fracassados (baixos) em que aprendem o que não funciona em sua situação e algumas experiências bem-sucedidas (altos) em que descobrem uma técnica que melhora sua eficácia como equipe. A linha completa, representando a GCI, será mais suave do que a linha tracejada, porque as equipes terão uma porcentagem maior de altos.

A boa notícia é que essas duas estratégias, quais sejam, adotar um método/framework prescritivo e depois melhorar seu WoW por meio da GCI, podem ser combinadas, conforme mostrado na Figura 1.12. Estamos constantemente nos deparando com equipes que adotaram um método ágil prescritivo, muitas vezes Scrum ou SAFe, que se estabilizaram porque se depararam com um ou mais problemas não abordados diretamente pelo método/framework escolhido. Como o método não aborda o(s) problema(s) que eles enfrentam, e porque eles não têm experiência nessa área, eles tendem a fracassar. Ivar Jacobson cunhou o termo "eles estão presos na prisão do método" [Prisão]. Ao aplicar uma estratégia de melhoria contínua, ou melhor ainda, GCI, seus esforços de melhoria de processo logo voltam aos trilhos. Além disso, como a situação de negócios subjacente que você enfrenta está mudando constantemente, isso lhe diz que você não pode se dar por satisfeito(a) com os "louros do processo", mas deve ajustar seu WoW para refletir a situação em evolução.

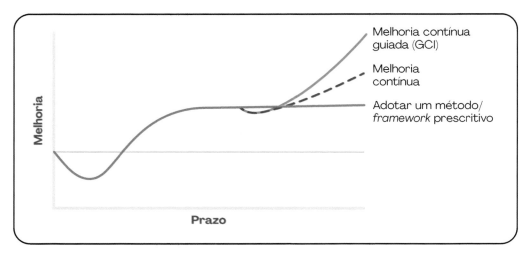

Figura 1.12 Melhorar um método/framework ágil atual.

Para ser claro, a GCI no nível da equipe tende a ser uma versão simplificada do que você faria no nível organizacional. No nível de equipe, as equipes podem optar por manter uma lista de backlog de melhorias das coisas que esperam melhorar. Na área organizacional ou nos níveis corporativos, podemos ter um grupo de pessoas orientando uma grande transformação ou esforço de melhoria focado em habilitar os times para que escolham seu WoW e abordem questões organizacionais maiores que as equipes não podem resolver sozinhas.

Workshops de tailoring de processos

Outra estratégia comum para aplicar o DA para escolher seu WoW é um workshop de tailoring de processos [Tailoring]. Em um workshop de tailoring de processos, um coach ou líder de equipe orienta o time quanto a aspectos importantes do DAD, e a equipe discute como vão trabalhar em conjunto. Isso normalmente inclui escolher um ciclo de vida, percorrer as metas de processo, uma de cada vez, e abordar os pontos de decisão de cada um, e discutir funções e responsabilidades.

Um workshop de tailoring de processos, ou vários workshops curtos, podem ser realizados a qualquer momento. Conforme mostrado na Figura 1.13, eles normalmente são executados quando uma equipe é formada inicialmente para determinar como seus membros irão otimizar os esforços de iniciação (o que chamamos de fase de Inception) e, pouco antes da Construção, começar a concordar sobre como esse esforço será abordado. Nenhuma decisão de processo tomada em workshops de tailoring de processos é cravada em pedra, mas evolui ao longo do tempo à medida que a equipe aprende. Você sempre quer aprender e melhorar seu processo à medida que avança e, de fato, a maioria das equipes ágeis refletirá regularmente sobre como fazer isso por meio de retrospectivas. Em suma, o objetivo dos workshops de tailoring de processos é levar sua equipe na direção certa, enquanto o objetivo das retrospectivas é identificar potenciais ajustes nesse processo.

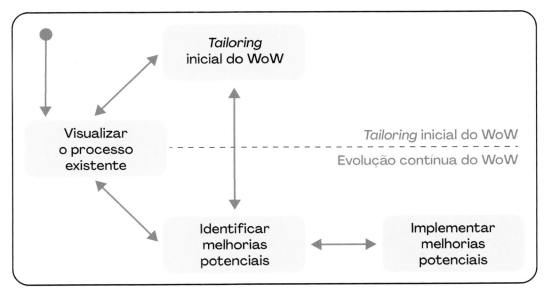

Figura 1.13 Escolher e evoluir seu WoW ao longo do tempo.

Uma pergunta válida a fazer é como seria uma abordagem de evolução do WoW dentro de uma equipe? Jonathan Smart, que dirigiu a transformação no Barclays, recomenda a abordagem de Dan North: visualizar, estabilizar e otimizar , conforme mostra a Figura 1.14. Você começa com a visualização do seu WoW atual e, em seguida, identifica um novo potencial WoW que a equipe acredita que funcionará para eles (é disso que se trata o tailoring inicial). Em seguida, a equipe precisa aplicar esse novo WoW e aprender como fazê-lo funcionar em seu contexto. Essa fase de estabilização pode levar várias semanas ou meses e, uma vez que a equipe tenha estabilizado seu WoW, estará pronta para a evolução por meio de uma estratégia de GCI

Visualizar	Estabilizar	Otimizar
• Explorar o WoW existente • Identificar o novo WoW	• Aplicar seu novo WoW • Receber treinamento e *coaching* • Dar a si mesmo tempo para aprender o novo WoW	• Melhoria contínua guiada

Figura 1.14 Uma abordagem para tailoring de processos e melhoria em uma equipe.

Workshops de tailoring de processos em uma grande instituição financeira

De Daniel Gagnon

Na minha experiência em realizar dezenas de workshops de tailoring de processos ao longo de vários anos, com equipes de todos os formatos, tamanhos e níveis de experiência e em diferentes organizações [Gagnon], curiosamente, o comentário mais recorrente é que os workshops "revelaram todos os tipos de opções que nem percebíamos que eram opções!" Embora quase sempre seja um pouco difícil de vender no início, ainda tenho que trabalhar com uma equipe que é incapaz de entender e apreciar rapidamente o valor dessas atividades.

Aqui estão minhas lições aprendidas:

1. Um líder de equipe, dono da arquitetura ou desenvolvedor sênior pode substituir a maioria dos desenvolvedores nos estágios iniciais.
2. Ferramentas ajudam. Desenvolvemos uma planilha simples para capturar as escolhas de WoW.
3. As equipes podem tomar decisões imediatas de WoW e aspirar por escolhas futuras "mais maduras" que definem as metas de melhoria.
4. Definimos algumas opções a nível empresarial para promover uniformidade entre as equipes, incluindo algumas escolhas de "infraestrutura como código".
5. As equipes não precisam começar do zero, mas podem começar com as escolhas feitas por um time semelhante e, em seguida, adaptá-las a partir daí.

Aqui vai uma observação importante sobre como determinar a participação: no final, as próprias equipes são os melhores árbitros de quem deve participar das sessões em vários estágios de progresso. O suporte se tornará cada vez mais fácil de obter à medida que os benefícios de permitir que as equipes escolham seu WoW se tornem aparentes.

Daniel Gagnon foi coach na adoção do Disciplined Agile em duas grandes instituições financeiras canadenses, e agora é um coach de ágil sênior em Quebec.

A boa notícia é que, com uma facilitação eficaz, você pode manter os processos de workshops de tailoring simplificados. Para isso, sugerimos que você:

- Agende várias sessões curtas (você pode não precisar de todas elas).
- Tenha uma agenda clara (estabeleça expectativas).
- Convide toda a equipe (é o processo deles).
- Tenha um facilitador experiente (isso pode ser controverso).
- Organize um espaço de trabalho flexível (isso permite a colaboração).

Um workshop de tailoring de processos provavelmente abordará vários aspectos importantes que cercam nosso modo de trabalhar (WoW):

- Determine os direitos e as responsabilidades dos membros da equipe, o que é discutido em detalhes no Capítulo 4.
- Como pretendemos organizar/estruturar a equipe?
- Que ciclo de vida a equipe seguirá? Veja o Capítulo 6 para saber mais sobre isso.
- Que práticas/estratégias vamos seguir?
- Temos uma definição de preparado (definition of ready, DoR) [Rubin] e, em caso afirmativo, qual é?
- Temos uma definição de pronto (definition of done, DoD) [Rubin] e, em caso afirmativo, qual é?
- Que ferramentas usaremos?

Os workshops de tailoring de processos exigem investimento de tempo, mas são uma maneira eficaz de garantir que os membros da equipe estejam bem alinhados em como pretendem trabalhar juntos. Dito isso, você deseja manter esses workshops o mais otimizado possível, pois eles podem facilmente ganhar vida própria — o objetivo é seguir na "direção do processo" correta. Você sempre pode evoluir seu WoW mais tarde, à medida que aprende o que funciona e o que não funciona no seu caso. Por fim, você ainda precisa envolver algumas pessoas com experiência em entrega ágil. O DA fornece um kit de ferramentas simples para escolher e evoluir seu WoW, mas você ainda precisa das habilidades e conhecimentos para aplicá-lo de forma eficaz.

Embora o DA forneça uma biblioteca ou kit de ferramentas com ótimas ideias, em sua organização você pode querer definir alguns limites ao grau de auto-organização que suas equipes podem aplicar. No DAD, recomendamos a auto-organização dentro de uma governança apropriada. Como tal, o que vimos com as organizações que adotam o DA é que, às vezes, elas ajudam a orientar as escolhas para que as equipes se auto-organizem dentro de "redes de proteção" (guardrails) organizacionais conhecidas por todos.

Aprimore retrospectivas por meio de opções de melhoria guiada

Uma retrospectiva é uma técnica que as equipes usam para refletir sobre o quão eficazes elas são e, quiçá, identificar possíveis melhorias de processo para experimentação [Kerth]. Como você pode imaginar, o DA pode ser usado para ajudar a identificar melhorias que teriam uma boa chance de funcionar no seu caso. Por exemplo, talvez você esteja tendo uma discussão sobre a perda (churn) de requisitos devida a histórias de usuários e critérios de aceitação ambíguos. A observação pode revelar que você precisa de modelos de requisitos adicionais para esclarecê-los. Mas quais modelos escolher? Com referência à meta do processo **Explorar o escopo**, você pode optar por criar um diagrama de domínio para esclarecer os relacionamentos entre entidades ou talvez um protótipo de interface do usuário (UI) para esclarecer a experiência do usuário (UX). Observamos que, ao utilizar o DA como referência, as equipes são expostas a estratégias e práticas das quais ainda não tinham ouvido falar.

Aprimore o coaching estendendo o kit de ferramentas do processo de coach

O DA é particularmente valioso para coaches ágeis. Primeiro, compreender o DA significa que você tem um kit de ferramentas abrangente de estratégias que pode ser usado para ajudar a resolver os problemas de sua equipe. Em segundo lugar, muitas vezes vemos os coaches se referirem ao DA para explicar que algumas das coisas que as equipes ou a própria organização veem como "melhores práticas" são, na verdade, escolhas muito ruins e que existem alternativas melhores a serem consideradas. Terceiro, os coaches usam o DA para ajudar a preencher as lacunas em sua própria experiência e conhecimento.

Documentando seu WoW

Poxa… gostaríamos de poder dizer que você não precisa documentar seu WoW. Mas a realidade é que você documenta com muita frequência e por uma, ou mais razões, muito boas:

1. **Regulatória.** Sua equipe trabalha em um ambiente regulatório onde, por lei, você precisa capturar seu processo – seu WoW – de alguma forma.
2. **É muito complicado de lembrar.** Há muitas partes mutáveis em seu WoW. Considere o diagrama de metas da Figura 1.2. Sua equipe escolherá adotar várias das estratégias descritas nele, e essa é apenas uma das 24 metas. Como dissemos anteriormente, a entrega da solução é complexa. Fizemos o nosso melhor em DA para reduzir essa complexidade e ajudar você a escolher seu WoW, mas não podemos removê-la completamente.
3. **Proporciona conforto.** Muitas pessoas se sentem desconfortáveis com a ideia de não terem um "processo definido" para seguir, principalmente quando são novas nesse processo. Elas gostam de ter algo para consultar de vez em quando, para ajudar no aprendizado. À medida que se tornam mais experientes no WoW da equipe, elas consultam menos a documentação até que, finalmente, nunca mais a usam.

Como poucas pessoas gostam de ler o material do processo, sugerimos que você o mantenha o mais claro e objetivo possível. Siga as práticas de documentação ágil [AgileDocumentation], como mantê-la concisa e trabalhar de perto com o público (neste caso, a própria equipe) para garantir que ela atenda às suas reais necessidades. Aqui estão algumas opções para capturar seu WoW:

- Use uma planilha simples para capturar as opções do diagrama de metas.
- Crie uma visão geral em um papel A3 (folha única) do processo.
- Coloque cartazes na parede.
- Capture o processo de forma concisa em um wiki.

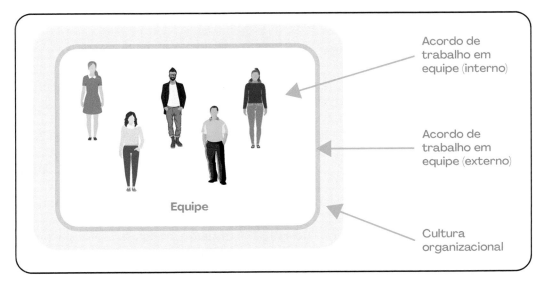

Acordo de trabalho em equipe (interno)

Acordo de trabalho em equipe (externo)

Cultura organizacional

Equipe

Figura 1.15 Acordos de trabalho em equipe.

Como mostramos na meta do processo **Evoluir WoW**, existem várias estratégias que você pode escolher para capturar seu WoW. Uma abordagem comum é que uma equipe desenvolva e se comprometa com um acordo de trabalho. Os acordos de trabalho descreverão os papéis e as responsabilidades que as pessoas assumirão na equipe, os direitos e as responsabilidades gerais dos membros da equipe e, muitas vezes, o processo da equipe (o WoW dela). Conforme mostrado na Figura 1.15, gostamos de distinguir entre dois aspectos importantes de um acordo de trabalho em equipe: a parte interna que descreve como a equipe trabalhará em conjunto e a parte externa que descreve como os outros devem interagir com a equipe.

A parte externa do acordo de trabalho de uma equipe, de certa forma, é um acordo de nível de serviço (SLA) da equipe. Pode incluir uma agenda de reuniões comuns que outras pessoas podem participar (por exemplo, reuniões diárias de coordenação e futuras demos), uma indicação de como acessar o dashboard da equipe, como entrar em contato com a equipe e qual é seu objetivo. O acordo de trabalho da equipe, tanto em seus aspectos internos quanto externos, será, obviamente, afetado pelo ambiente organizacional e pela cultura em que ela opera.

Em suma

Trabalhamos com vários conceitos críticos neste capítulo:

- Equipes de Disciplined Agile (DA) têm autonomia para escolher seu modo de trabalhar (WoW).
- Você precisa "ser ágil" e saber como "fazer ágil".
- A entrega da solução é complicada; não há uma resposta fácil de como fazer.
- O DA fornece a estrutura de suporte agnóstica para que uma equipe escolha de seu WoW e forneça soluções baseadas em software.
- Outras pessoas enfrentaram e superaram desafios semelhantes aos seus. O DA permite que você aproveite seus aprendizados.
- Você pode usar este livro para orientar como escolher inicialmente seu WoW e depois evoluí-lo ao longo do tempo.
- Uma abordagem de melhoria contínua guiada (GCI) ajudará suas equipes a sair da "prisão metodológica" e, assim, melhorar sua eficácia.
- O objetivo real é atingir de forma eficaz os resultados organizacionais desejados, não ser ágil ou fazer ágil.
- Melhores decisões levam a melhores resultados.

Capítulo 2

Sendo disciplinado

Melhores decisões levam a melhores resultados.

Pontos-chave deste capítulo

- O Manifesto Ágil é um ótimo ponto de partida, mas não é suficiente.
- Os princípios Lean são fundamentais para o sucesso das equipes de entrega de soluções ágeis na empresa.
- A mentalidade DA é baseada em oito princípios, sete promessas e oito diretrizes.

O que significa ser disciplinado? Ser disciplinado é fazer as coisas que sabemos que são boas para nós, coisas que geralmente exigem muito trabalho e perseverança. Exige disciplina para encantar continuamente nossos clientes. É preciso disciplina para que as equipes se tornem incríveis. Exige disciplina para os líderes garantirem que seu pessoal tenha um ambiente seguro para trabalhar. É preciso disciplina para reconhecer que precisamos adaptar nosso modo de trabalhar (WoW) ao contexto que enfrentamos e evoluir nosso WoW conforme a situação muda. É preciso disciplina para reconhecer que fazemos parte de uma organização maior, que devemos fazer o que é melhor para a empresa, e não apenas o que é conveniente para nós. Exige disciplina para evoluir e otimizar nosso fluxo de trabalho e disciplina para perceber que temos muitas opções em relação a como trabalhamos e nos organizamos, portanto, devemos escolher apropriadamente.

O manifesto para desenvolvimento ágil de software

Em 2001, a publicação do *Manifesto para desenvolvimento ágil de software* [Manifesto], ou Manifesto Ágil para abreviar, iniciou o movimento ágil. O manifesto captura quatro valores fundamentados em 12 princípios, listados abaixo. Foi criado por um grupo de 17 pessoas com profunda experiência em desenvolvimento de software. O objetivo era descrever o que descobriram que funcionava na prática, em vez de descrever o que esperavam que funcionasse na teoria. Embora pareça uma coisa óbvia a se fazer agora, naquela época isso era sem dúvida um afastamento radical da abordagem adotada por muitos líderes de pensamento na comunidade de engenharia de software.

O *Manifesto para desenvolvimento ágil de software*:
> Estamos descobrindo maneiras melhores de desenvolver software fazendo-o nós mesmos e ajudando outros a fazerem o mesmo.
> Através deste trabalho, passamos a valorizar:

1. **Indivíduos e interações** mais que processos e ferramentas
2. **Software** funcionando mais que documentação abrangente
3. **Colaboração com o cliente** mais que negociação de contratos
4. **Responder às mudanças** mais que seguir um plano

> Ou seja, mesmo havendo valor nos itens à direita, valorizamos mais os itens à esquerda.

Existem 12 princípios por trás do Manifesto Ágil que fornecem mais orientações aos profissionais. São eles:

1. A nossa maior prioridade é satisfazer o cliente através da entrega contínua e adiantada de software com valor agregado.
2. Mudanças nos requisitos são bem-vindas, mesmo tardiamente no desenvolvimento. Os processos ágeis tiram vantagem das mudanças visando vantagem competitiva para o cliente.
3. Entregar frequentemente software funcionando, de poucas semanas a poucos meses, de preferência à menor escala do tempo.
4. Pessoas de negócio e desenvolvedores devem trabalhar diariamente em conjunto por todo o projeto.
5. Construa projetos em torno de indivíduos motivados. Dê a eles o ambiente e o suporte necessário, e confie neles para fazer o trabalho.
6. O método mais eficiente e eficaz de transmitir informações para e entre uma equipe de desenvolvimento é através de conversa face a face.
7. Software funcionando é a medida primária de progresso.
8. Os processos ágeis promovem o desenvolvimento sustentável. Os patrocinadores, desenvolvedores e usuários devem ser capazes de manter um ritmo constante, indefinidamente.
9. Contínua atenção à excelência técnica e bom design aumenta a agilidade.
10. Simplicidade — a arte de maximizar a quantidade de trabalho não realizado — é essencial.
11. As melhores arquiteturas, requisitos e designs emergem de equipes auto-organizáveis.
12. Em intervalos regulares, a equipe reflete sobre como se tornar mais eficaz, e então refina e ajusta seu comportamento de acordo.

A publicação do *Manifesto para desenvolvimento ágil de software* provou ser um marco para o mundo do desenvolvimento de software e, como vimos nos últimos anos, também para a comunidade corporativa. Mas o tempo teve seu preço, e o manifesto está mostrando sua idade de várias maneiras:

1. **Limita-se ao desenvolvimento de software.** O manifesto concentrou-se propositalmente no desenvolvimento de software, não em outros aspectos da TI e certamente não em outros aspectos de nossa empresa como um todo. Muitos dos conceitos podem ser modificados para se adequarem a esses ambientes, e têm sido modificados ao longo dos anos. Assim, o manifesto fornece insights valiosos que podem evoluir e estender para um escopo mais amplo do que o pretendido originalmente.
2. **O mundo do desenvolvimento de software mudou.** O manifesto foi elaborado para refletir o cenário dadécada de 1990, e alguns dos princípios estão desatualizados. Por exemplo, o terceiro princípio sugere que devemos entregar software em um tempo que varie de poucas semanas a alguns meses. Na época, era uma conquista ter um incremento demonstrável de uma solução, mesmo que a cada mês. Nos tempos modernos, no entanto, a expectativa é significativamente maior, com empresas proficientes em ágil entregando funcionalidades muitas vezes a cada dia, em parte porque o manifesto nos ajudou a seguir um caminho melhor.
3. **Aprendemos muito desde então.** Muito antes do ágil, as organizações estavam adotando formas enxutas de pensar e trabalhar. Desde 2001, as estratégias ágeis e lean não apenas prosperaram por conta própria, mas também foram combinadas com sucesso. Como veremos em breve, essa mistura é um aspecto inerente da mentalidade do DA. DevOps, a fusão dos ciclos de vida de desenvolvimento de software e operações de TI, evoluiu claramente por causa dessa combinação. Existem poucas organizações que não adotaram, ou pelo menos estão em processo de adoção, modos de trabalhar DevOps — que o Capítulo 1 mostrou serem parte integrante do kit de ferramentas de DA. Nosso ponto é que é mais do que apenas agilidade.

Desenvolvimento de software lean

A mentalidade do DA é baseada em uma combinação de pensamento ágil e lean. Um ponto de partida importante para entender o pensamento lean é *The Lean Mindset* (A mentalidade enxuta), de Mary e Tom Poppendieck. Neste livro, eles mostram como os sete princípios do lean manufacturing podem ser aplicados para otimizar todo o value stream. Há um grande valor nisso, mas também devemos lembrar que a maioria de nós não fabrica carros – nem nenhuma outra coisa. Existem vários tipos de trabalho aos quais o lean se aplica: manufatura, serviços, desenvolvimento de produtos no mundo físico e desenvolvimento (virtual) de software, entre outros. Embora gostemos do trabalho inovador dos Poppendiecks, preferimos examinar os princípios para ver como eles podem ser aplicados em qualquer lugar [Poppendieck]. Esses princípios são:

1. **Eliminar desperdício.** Os defensores do pensamento lean consideram qualquer atividade que não agregue valor diretamente ao produto acabado como desperdício [WomackJones]. As três maiores fontes de desperdício em nosso trabalho são a adição de funcionalidades não obrigatórias, a flutuações de requisitos e o cruzamento das fronteiras organizacionais (particularmente entre as partes interessadas e as equipes de desenvolvimento). Para reduzir o desperdício, é fundamental que as equipes possam se auto-organizar e operar de uma maneira que reflita o trabalho que estão tentando realizar. No trabalho de desenvolvimento de produtos (no mundo físico ou virtual), gastamos um tempo considerável descobrindo o que tem valor. Fazer isso não é desperdício. Vimos muitas pessoas tendo debates intermináveis sobre o que é desperdício por causa disso. Propomos que um desperdício essencial a eliminar é o desperdício de tempo devido a atrasos no fluxo de trabalho. Refletindo, pode-se verificar que a maioria dos desperdícios é reflexo, até mesmo causado, por atrasos no fluxo de trabalho. Criamos funcionalidades não obrigatórias porque criamos batches muito grandes e temos atrasos no feedback sobre se eles são necessários (ou não estamos escrevendo nossos testes de aceitação, o que atrasa a compreensão do que precisamos). A flutuação de requisitos (em particular, os erros) é quase sempre devida à falta de sincronia sem que percebamos isso. Atravessar as fronteiras organizacionais é quase sempre uma ação que implica atrasos, pois uma parte da organização espera pela outra.
2. **Injetar qualidade.** Nosso processo, já de início, não deve permitir que defeitos ocorram, mas quando isso não for possível, devemos trabalhar de forma a fazer um pouco de trabalho, validá-lo, corrigir quaisquer problemas que encontrarmos e depois iterar. Inspecionar após o fato e enfileirar defeitos para serem corrigidos em algum momento no futuro não é tão eficaz. As práticas ágeis que agregam qualidade ao nosso processo incluem desenvolvimento orientado a testes (test-driven development, TDD) e práticas de desenvolvimento não-solo, como programação em pares, programação Mob e modelagem com outros (modelagem Mob). Todas essas técnicas são descritas posteriormente neste livro.
3. **Criar conhecimento.** O planejamento é útil, mas o aprendizado é essencial. Queremos promover estratégias, como trabalhar de forma iterativa, que ajudem as equipes a descobrir o que as partes interessadas realmente querem e agir de acordo com esse conhecimento. Também é importante que os membros da equipe reflitam regularmente sobre o que estão fazendo e, em seguida, ajam para melhorar sua abordagem por meio da experimentação.
4. **Adiar compromissos.** Não é necessário iniciar o desenvolvimento da solução definindo uma especificação completa e, de fato, essa parece ser, na melhor das hipóteses, uma estratégia questionável. Podemos apoiar os negócios de forma eficaz por meio de arquiteturas flexíveis que são tolerantes a mudanças e agendando decisões irreversíveis para quando tivermos mais informações e nossas decisões possam ser melhores – o último momento possível. Frequentemente, adiar o compromisso até o último momento de decisão, exige a capacidade de combinar cenários de negócios de ponta a ponta com recursos desenvolvidos em vários aplicações e por várias equipes. Na verdade, uma estratégia de adiar compromissos com projetos é uma forma de manter nossas opções em aberto [Denning]. O software oferece alguns mecanismos adicionais para adiar o compromisso. Usando design emergente, testes automatizados e pensamento padronizado, as decisões essenciais muitas vezes podem ser adiadas sem praticamente nenhum custo. De muitas maneiras, o desenvolvimento ágil de software é baseado no conceito de que a entrega incremental leva pouco tempo extra de implementação, permitindo que os desenvolvedores economizem montanhas de esforço que, de outra forma, seriam construídos na criação de funcionalidades que não eram úteis.

5. **Entregar rapidamente.** É possível entregar soluções de alta qualidade rapidamente. Ao limitar o trabalho de uma equipe ao que está dentro de sua capacidade, podemos estabelecer um fluxo de trabalho confiável e repetível. Uma organização eficaz não exige que as equipes façam mais do que são capazes, mas, em vez disso, pede que elas se auto-organizem e determinem quais resultados podem alcançar. Restringir equipes a fornecerem soluções que possam ser entregues com regularidade as motiva a manter o foco em agregar valor continuamente.

6. **Respeitar as pessoas.** Os Poppendiecks também observam que a vantagem sustentável é obtida com pessoas engajadas e pensantes. A implicação é que precisamos de uma abordagem lean para a governança, foco da meta do processo **Governar a equipe** que se concentra em motivar e capacitar as equipes — não em ealiza-las.

7. **Otimizar o todo.** Se queremos ser eficazes em uma solução, devemos olhar em perspectiva (big picture). Precisamos entender os processos de negócios de alto nível que um value stream suporta — processos que geralmente atravessam vários sistemas e várias equipes. Precisamos gerenciar programas de esforços inter-relacionados para que possamos entregar um produto/serviço completo às nossas partes interessadas. As medições devem abordar o quão bem estamos entregando valor de negócio, e a equipe deve estar focada em entregar resultados valiosos para suas partes interessadas.

A mentalidade Disciplined Agile

A mentalidade Disciplined Agile está resumida na Figura 2.1, e é descrita como uma conjunto de princípios, promessas e diretrizes. Gostamos de dizer que acreditamos nesses oito princípios, por isso prometemos uns aos outros que trabalharemos de maneira disciplinada e seguiremos um conjunto de diretrizes que nos permitem ser eficazes.

Figura 2.1 A mentalidade Disciplined Agile.

Acreditamos nestes princípios

Vamos começar com os oito princípios por trás do kit de ferramentas do Disciplined Agile (DA). Essas ideias não são novas; há uma infinidade de fontes das quais essas ideias surgiram, incluindo o trabalho de Alistair Cockburn sobre o Heart of Agile [CockburnHeart], o Modern Agile de Joshua Kerievsky [Kerievsky] e, é claro, o *Manifesto ágil para desenvolvimento de software*, descrito anteriormente. Na verdade, o kit de ferramentas do DA sempre foi um híbrido de grandes estratégias desde o início, com foco em como todas essas estratégias se encaixam na prática. Embora tenhamos uma forte crença em uma abordagem científica e no que funciona, somos agnósticos em relação a como chegamos lá. A mentalidade DA começa com oito princípios fundamentais:

- Encantar os clientes
- Ser incríveis
- Contexto conta
- Ser pragmáticos
- Ter opções é bom
- Otimizar o fluxo
- Organizar em torno de produtos/serviços
- Consciência corporativa

Princípio: Encantar os clientes

Os clientes ficam encantados quando nossos produtos e serviços não apenas atendem às suas necessidades e expectativas, mas também as superam. Considere a última vez que você fez check-in em um hotel. Se você estava com sorte, não havia fila, seu quarto estava disponível e não havia nada de errado com ele quando você chegou lá. Você provavelmente ficou satisfeito com o serviço, mas isso é o esperado. Agora imagine que você foi recebido pelo nome pelo concierge quando chegou, que seu lanche favorito estava esperando por você no quarto e que você recebeu um upgrade de cortesia para um quarto com uma vista magnífica — tudo sem pedir. Isso seria mais do que o esperado e muito provavelmente iria encantar você. Embora o upgrade não aconteça toda vez que você fizer o check-in, é um toque agradável quando isso acontece e é provável que você volte a essa rede de hotéis porque eles o tratam muito bem.

Organizações bem-sucedidas oferecem ótimos produtos e serviços que encantam seus clientes. O design de sistemas nos diz para construir com o cliente em mente, trabalhar próximo a eles e entregar em pequenos incrementos, e depois buscar feedback, para que possamos entender melhor o que realmente irá encantá-los. Como agilistas disciplinados, abraçamos a mudança porque sabemos que nossas partes interessadas verão novas possibilidades à medida que aprendem o que realmente desejam enquanto a solução evolui. Também nos esforçamos para descobrir o que nossos clientes querem e cuidar de nossos clientes. É muito mais fácil cuidar de um cliente atual do que conquistar um novo. Jeff Gothelf e Josh Seiden dizem isso da melhor maneira em *Sense & Respond (Sentir e reagir):* "Se você puder tornar um produto mais fácil de usar, reduzir o tempo que um cliente leva para concluir uma tarefa ou fornecer as informações certas no momento certo, você ganhou" [SenseRespond].

Princípio: Ser incríveis

Quem não quer ser incrível? Quem não quer fazer parte de uma equipe incrível fazendo coisas incríveis trabalhando para uma organização incrível? Todos nós queremos essas coisas. Recentemente, Joshua Kerievsky popularizou o conceito de que equipes ágeis modernas tornam as pessoas incríveis e, é claro, não é uma surpresa querermos equipes incríveis e organizações incríveis também. Da mesma forma, Mary e Tom Poppendieck observam que a vantagem sustentável é obtida com pessoas engajadas e pensantes, assim como Richard Sheridan, em *Joy Inc.* [Sheridan]. Ajudar as pessoas a serem incríveis é importante porque, como diz Richard Branson, do Virgin Group, "Cuide de seus funcionários e eles cuidarão de seus negócios".

Há várias coisas que nós, como indivíduos, podemos fazer para sermos incríveis. Antes de mais nada, aja de forma a conquistar o respeito e a confiança de nossos colegas: Seja confiável, honesto, aberto, ético e trate-os com respeito. Em segundo lugar, colabore voluntariamente com os outros. Compartilhe informações com eles quando solicitado, mesmo que seja um trabalho em andamento. Ofereça ajuda quando for necessário e, tão importante quanto, procure ajuda você mesmo. Terceiro, seja um aprendiz ativo. Devemos procurar o domínio de nosso ofício, sempre atentos às oportunidades de experimentar e aprender. Vá além de nossa especialidade e aprenda sobre o processo de software mais amplo e o ambiente de negócios. Ao nos tornarmos um "especialista generalista" com habilidades em T, poderemos valorizar melhor de onde os outros estão vindo e, assim, interagir com eles de forma mais eficaz [Modelagem Ágil]. Quarto, procure nunca decepcionar a equipe. Sim, isso acontecerá às vezes, e boas equipes entendem e perdoam isso. Quinto, Simon Powers [Powers] aponta que precisamos estar dispostos a melhorar e gerenciar nossas respostas emocionais à situações difíceis. A inovação requer diversidade e, por sua própria natureza, opiniões diversas podem causar reações emocionais. Todos devemos trabalhar para tornar nosso local de trabalho psicologicamente seguro.

Equipes incríveis também optam por construir qualidade desde o início. O lean nos diz para corrigir quaisquer problemas de qualidade e a maneira como trabalhamos que os causou. Em vez de debater quais bugs podemos deixar para mais tarde, queremos aprender como eali-los completamente. Enquanto trabalhamos para chegar a esse objetivo, fazemos uma pequena parte, validamos, corrigimos quaisquer problemas que encontramos e, em seguida, iteramos. O Manifesto Ágil é claro quanto a isso: a atenção contínua à excelência técnica e ao bom design melhora a agilidade [Manifesto].

A liderança sênior em nossa organização pode permitir que os funcionários sejam indivíduos incríveis trabalhando em equipes incríveis, fornecendo a eles a autoridade e os recursos necessários para que façam seus trabalhos, construindo uma cultura e ambiente seguros (veja o próximo princípio) e motivando-os a atingir a excelência. As pessoas são motivadas a ter autonomia para fazer seu trabalho, ter oportunidades de dominar seu ofício e fazer algo que tenha um propósito [Pink]. O que você prefere: funcionários motivados ou desmotivados?[1]

---

[1] Se você acha que funcionários felizes são caros, espere até experimentar os infelizes!

Princípio: Contexto conta

Cada pessoa é única, tem seu próprio conjunto de habilidades, preferências de estilo de trabalho, objetivos de carreira e estilos de aprendizado. Cada equipe é única não apenas porque é composta por pessoas únicas, mas também porque enfrenta situações únicas. Nossa organização também é única, mesmo quando existem outras organizações que operam no mesmo mercado que nós. Por exemplo, fabricantes de automóveis como Ford, Audi e Tesla constroem a mesma categoria de produto, mas não é exagero afirmar que são empresas muito diferentes. Essas observações — que pessoas, equipes e organizações são únicas — nos levam a uma ideia essencial de que nosso processo e estrutura organizacionais devem ser adaptados à situação que enfrentamos atualmente. Em outras palavras, contexto conta.

A Figura 2.2, adaptada do Framework de Contexto da Situação (Situation Context Framework, SCF) [SCF], mostra que existem vários fatores de contexto que afetam como uma equipe escolhe seu WoW. Os fatores são organizados em duas categorias: fatores que têm um impacto significativo em nossa escolha de ciclo de vida (mais sobre isso no Capítulo 6) e fatores que motivam nossa escolha de práticas/estratégias. Os fatores de seleção de prática/estratégia são um superconjunto dos fatores de seleção de ciclo de vida. Por exemplo, uma equipe de oito pessoas trabalhando em uma mesma sala em um problema de domínio muito complexo, sob situação regulatória de missão crítica se organizará de maneira diferente e escolherá seguir práticas diferentes do que uma equipe de 50 pessoas espalhadas por um campus corporativo trabalhando em um problema complexo, sob situação não regulatória. Embora essas duas equipes possam estar trabalhando para a mesma empresa, elas podem optar por trabalhar de maneiras muito diferentes.

Existem várias implicações interessantes da Figura 2.2. Primeiro, quanto mais à direita em cada fator de seleção, maior o risco enfrentado por uma equipe. Por exemplo, é muito mais arriscado terceirizar do que desenvolver nossa própria equipe interna. Uma equipe com um conjunto menor de habilidades é uma proposta mais arriscada do que uma equipe altamente qualificada. Uma equipe grande é uma proposta muito mais arriscada do que uma equipe pequena. Uma situação regulatória de missão crítica é muito mais arriscada do que uma situação financeira crítica, que por sua vez é mais arriscada do que não enfrentar nenhuma regulamentação. Em segundo lugar, como as equipes em diferentes situações precisarão escolher trabalhar de maneira apropriada para a situação que enfrentam, precisamos dar a elas escolhas, para eali-las a adaptar sua abordagem de forma eficaz. Terceiro, qualquer pessoa que interaja com várias equipes precisa ser flexível o suficiente para trabalhar com cada uma delas de forma apropriada. Por exemplo, lideraremos essa equipe pequena, alocada e um contexto de missão crítica, de maneira diferente da equipe de médio porte espalhada pelo campus. Da mesma forma, um arquiteto corporativo (enterprise architect, EA) que dá suporte a ambas as equipes colaborará de maneira diferente com cada uma delas.

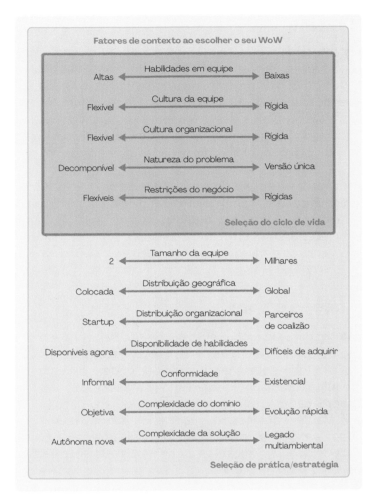

Figura 2.2 Fatores de contexto que afetam as escolhas de WoW.

O Scrum fornece o que costumava ser uma orientação sólida para entregar valor de maneira ágil, mas é oficialmente descrito por apenas um livreto de 19 páginas [ScrumGuide]. O Disciplined Agile reconhece que as complexidades corporativas exigem muito mais orientação e, portanto, fornece um kit de ferramentas de consulta abrangente para adaptar nossa abordagem ágil ao nosso contexto exclusivo de maneira direta. Ser capaz de adaptar nossa abordagem ao nosso contexto com uma variedade de opções, em vez de padronizar em um método ou framework, é uma coisa boa, e exploramos isso mais adiante.

Princípio: Ser pragmáticos

Muitos agilistas são bastante fanáticos por seguir métodos específicos de forma estrita. Na verdade, encontramos muitos que dizem que, para "fazer o ágil certo", precisamos ter de 5 a 9 pessoas em uma sala, com o negócio (dono do produto) presente o tempo todo. A equipe não deve ser incomodada por pessoas de fora e deve estar 100% dedicada ao projeto. No entanto, em muitas empresas estabelecidas, essas condições ideais raramente existem. A realidade é que temos que lidar com muitas situações abaixo do ideal, como equipes distribuídas, equipes grandes, terceirização, coordenação de várias equipes e disponibilidade de partes interessadas em tempo parcial.

O DA reconhece essas realidades e, em vez de dizer "não podemos ser ágeis" nessas situações, dizemos: "Vamos ser pragmáticos e ter como objetivo ser o mais eficaz possível". Em vez de prescrever "melhores práticas", o DA fornece estratégias para maximizar os benefícios do ágil, apesar de certos compromissos necessários serem feitos. Como tal, o DA é pragmático, não purista em sua orientação. O DA fornece redes de proteção (guardrails) para nos ajudar a fazer melhores escolhas de processo, não regras rígidas que podem até não ser aplicáveis devido ao contexto que enfrentamos.

Princípio: Ter opções é bom

Vamos supor que nossa organização tenha várias equipes trabalhando em uma variedade de situações, o que de fato é o padrão para todas as empresas, exceto as menores. Como definimos um processo que se aplica a toda e qualquer situação que enderece a gama de problemas enfrentados por cada equipe? Como podemos mantê-lo atualizado à medida que cada equipe aprende e evolui sua abordagem? A resposta é que não podemos; documentar tal processo é exponencialmente caro. Mas isso significa que precisamos aplicar o mesmo processo prescritivo a todos? Quando fizermos isso, aplicaremos a dissonância de processo em nossas equipes, diminuindo sua capacidade de serem eficazes e aumentando a chance de investir recursos para fazer parecer que estão seguindo o processo quando, na realidade, não estão. Ou isso significa que temos apenas um "processo livre para todos" e dizemos a todas as nossas equipes para descobrir por conta própria? Embora isso possa funcionar, tende a ser muito caro e demorado na prática. Mesmo com o coaching, cada equipe é obrigada a inventar ou descobrir as práticas e estratégias que existem há anos, às vezes décadas.

Desenvolver novos produtos, serviços e software é um empreendimento complexo. Isso significa que nunca podemos saber com certeza o que vai acontecer. Há muitas camadas de atividades acontecendo ao mesmo tempo e é difícil ver como cada uma se relaciona com as outras. Os sistemas são holísticos e não compreensíveis apenas observando seus componentes. Em vez disso, devemos observar como os componentes do sistema interagem entre si. Considere um carro, por exemplo. Embora os carros tenham componentes, o carro em si também é a forma como esses componentes interagem uns com os outros. Por exemplo, colocar um motor maior em um carro pode eali-lo instável se o chassi não puder suportá-lo, ou até mesmo perigoso se os freios não forem suficientes.

Ao fazer melhorias na forma como trabalhamos, devemos considerar o seguinte:

- Como as pessoas interagem umas com as outras.
- Como o trabalho realizado em uma parte do sistema afeta o trabalho em outras.
- Como as pessoas aprendem.
- Como as pessoas no sistema interagem com as pessoas de fora do sistema.

Essas interações são únicas para uma organização específica. O princípio "contexto conta" significa que devemos fazer escolhas inteligentes com base na situação em que nos encontramos. Mas como? Primeiro, reconhecemos que não estamos tentando descobrir a melhor maneira de fazer as coisas antecipadamente, mas sim criar uma série de etapas, cada uma representando melhorias no que estamos fazendo ou um aprendizado que aumentará a probabilidade de melhoria na próxima vez.

Cada etapa desta série é apresentada como uma hipótese; isto é, uma conjectura de que será uma melhoria se conseguirmos ealiza-la. Se conseguirmos melhorias, ficamos satisfeitos e podemos passar para a próxima etapa. Se não fizermos melhorias, devemos perguntar por que isso aconteceu. Nossos esforços devem levar à melhoria ou ao aprendizado, e isso configura a próxima ação de melhoria. Podemos pensar nisso como uma abordagem científica, pois estamos testando ações e validando-as. A causa pode ser que tomamos a ação errada, as pessoas não a aceitaram ou estava além de nossa capacidade.

Aqui está um exemplo. Digamos que percebemos que nosso pessoal está praticando muitas atividades multitarefa. Um ambiente multitarefa geralmente é causado por pessoas trabalhando em muitas coisas que não conseguem terminar rapidamente. Isso faz com que passem de uma tarefa para outra e incluam atrasos em seu fluxo de trabalho, bem como no de todas as pessoas que dependam desse fluxo. Como parar essa multitarefa depende da causa ou causas dela. Essas causas são muitas vezes claras ou podem ser facilmente discernidas. Mesmo que não tenhamos certeza, tentar algo baseado no que funcionou em situações semelhantes no passado geralmente alcança bons resultados ou aprendizados. O aspecto do DA que se destaca é que usamos práticas pertinentes à nossa situação e, para isso, precisamos saber quais práticas existem e estão disponíveis à nossa escolha.

Contextos diferentes demandam estratégias diferentes. As equipes precisam ser donas de seu próprio processo e experimentar para descobrir o que funciona na prática para elas, dada a situação que enfrentam. Conforme aprendemos no Capítulo 1, o DAD fornece seis ciclos de vida para as equipes escolherem e 24 metas de processo que nos orientam na escolha das práticas/estratégias certas para nossa equipe, considerando a situação que enfrentamos. Sim, parece um pouco complicado no começo, mas essa abordagem provou-se uma estratégia direta para ajudar a lidar com as complexidades enfrentadas pelas equipes de entrega de soluções. Pense no DAD, e no DA em geral, como a estrutura de suporte dos nossos esforços na escolha e evolução do nosso WoW.

Essa estratégia orientada a escolha é um meio-termo. Em um extremo, temos métodos prescritivos, que têm seu lugar, como Scrum, Extreme Programming (XP) e SAFe°, que nos contam uma maneira de fazer as coisas. Independentemente do que os detratores desses métodos afirmam, esses métodos/frameworks de fato funcionam muito bem em algumas situações e, se estivermos em tais situações, eles funcionarão bem para nós. No entanto, se não estivermos na situação em que um determinado método se encaixa, provavelmente fará mais mal do que bem. No outro extremo está a criação dos nossos próprios métodos de acordo com os nossos desafios, a criação de novas práticas baseadas em princípios e o teste delas como experimentos e aprendizagens à medida que avançamos. É assim que os métodos[2] nos dizem para testar e aprender à medida que desenvolvemos sua abordagem. Isso funciona bem na prática, mas pode ser muito caro, demorado e pode levar a inconsistências significativas entre as equipes, o que dificulta nosso processo organizacional geral. O Spotify° teve o luxo de evoluir seu processo dentro do contexto de uma empresa de produtos, arquitetura convencional, sem débito técnico e uma cultura que eles poderiam expandir em vez de mudar — sem mencionar vários especialistas internos. O DA fica entre esses dois extremos. Ao adotar essa abordagem orientada a metas de processo, o DA fornece a uniformidade de processo entre as equipes necessária no nível organizacional, mas dá às equipes uma orientação flexível e direta, necessária para adaptar e evoluir seus processos internos para abordar o contexto da situação que eles enfrentam. As equipes podem escolher — a partir de estratégias conhecidas — as opções prováveis para experimentar, aumentando a chance de encontrar algo que funcione para elas na prática. No mínimo, deixa claro que têm escolhas, que há mais do que um caminho descrito pelos métodos prescritivos.

As pessoas geralmente ficam surpresas quando sugerimos que métodos convencionais como Scrum e Extreme Programming (XP) são prescritivos, mas eles são de fato. O Scrum exige uma reunião diária em pé (um Scrum), não superior a 15 minutos, à qual todos os membros da equipe devem comparecer; que as equipes devem fazer uma retrospectiva ao final de cada iteração (sprint); e que o tamanho da equipe não deve ser superior a nove pessoas. O Extreme Programming prescreve programação em pares (duas pessoas compartilhando um teclado) e desenvolvimento orientado a testes (TDD); com estas condições satisfeitas, ambas são ótimas práticas no contexto certo. Não estamos sugerindo que a prescrição seja algo ruim, estamos apenas afirmando que ela existe.

A fim de fornecer às pessoas opções para escolher seu modo de trabalhar (WoW), o DA reuniu estratégias e as contextualizou a partir de uma ampla variedade de fontes. Um efeito colateral importante de fazer isso é o que rapidamente nos forçou a adotar uma abordagem agnóstica.

---

[2] O Spotify, como outros métodos, é uma ótima fonte de ideias em potencial que extraímos no DA. Achamos particularmente útil sua abordagem experimental para melhoria de processos, que evoluímos para experimentos guiados (Capítulo 1). Infelizmente, muitas organizações tentam adotar o método Spotify literalmente, que é exatamente o que as pessoas do Spotify nos dizem para não fazer. O método Spotify foi ótimo para eles em seu contexto vários anos atrás. Eles têm certeza de que o que fizeram na época não é o Spotify agora. Nosso contexto, mesmo se fôssemos uma empresa sueca de música online, é diferente.

No DA, combinamos estratégias de métodos, frameworks, guias de conhecimento, livros, nossas experiências práticas ajudando organizações a melhorar e muitas outras fontes. Essas fontes usam terminologia diferente, às vezes se sobrepõem, têm escopos diferentes, são baseadas em mentalidades diferentes e, francamente, muitas vezes se contradizem. O Capítulo 3 apresenta mais detalhes sobre como o DA é um kit de ferramentas híbridas que fornece orientação de processo agnóstico. Conforme descrito anteriormente, a liderança deve incentivar a experimentação desde o início, no interesse de aprender e melhorar o mais rápido possível. No entanto, sugerimos que, ao consultar as estratégias comprovadas do Disciplined Agile, faremos melhores escolhas para o nosso contexto, acelerando a melhoria do processo com menos falhas. Melhores escolhas levam a melhores resultados, mais cedo.

Princípio: Otimizar o fluxo

Embora o ágil tenha surgido do pensamento lean de várias maneiras, os princípios do fluxo parecem transcender ambos. Dom Reinertsen, em *Principles of Product Development Flow (Princípios do Fluxo de Desenvolvimento de Produto) – 2ª Edição* [Reinertsen], provê ações mais diretas que podemos tomar para acelerar a realização de valor. Observar o fluxo de valor permite que as equipes colaborem de maneira a implementar efetivamente os value streams de nossa organização. Embora cada equipe possa ser apenas uma parte do value stream, elas podem ver como se alinhar com outras para maximizar a realização do valor.

A implicação é que, como organização, precisamos otimizar nosso fluxo de trabalho geral. O DA oferece suporte a estratégias ágeis, lean e de fluxo para fazer isso:

1. **Otimizar o todo.** As equipes de DA trabalham com "consciência corporativa". Seus membros percebem que sua equipe é uma das muitas equipes dentro de sua organização e, como resultado, devem trabalhar de forma a fazer o que é melhor para a organização como um todo e não apenas o que é conveniente para eles. Mais importante, eles se esforçam para agilizar o processo geral, para otimizar o todo, como o cânone do lean nos aconselha a fazer. Isso inclui encontrar maneiras de reduzir o tempo total do ciclo (cycle time) — o tempo total do início ao fim do processo para fornecer valor a um cliente [Reinertsen].
2. **Meça o que é importante.** A exortação de Reinertsen, "Se você for quantificar apenas uma coisa, quantifique o custo do atraso", dá uma visão do que otimizar através de toda a organização. O "custo do atraso" é o custo para uma empresa em valor quando um produto é atrasado. Como uma organização ou como um value stream dentro de uma organização, e mesmo no nível da equipe, teremos os resultados que queremos alcançar. Alguns desses resultados serão focados no cliente e alguns serão focados na melhoria (geralmente decorrentes da melhoria dos resultados focados no cliente). Nossas medidas devem ser para ajudar a melhorar os resultados ou a nossa capacidade de fornecer melhores resultados.

3. **Entregue pequenos batches de trabalho de forma contínua e em um ritmo sustentável.** Pequenos batches de trabalho não apenas nos permitem obter feedback mais rápido, mas também evitam construir coisas de menor valor, que muitas vezes são deixadas em um projeto. O Dr. Goldratt, criador da Teoria das Restrições (ToC), comentou certa vez: "Muitas vezes, basta reduzir o tamanho do batch para trazer um sistema de volta ao controle" [Goldratt]. Ao fornecer soluções consumíveis com frequência, podemos ajustar o que é realmente necessário e evitar construir coisas que não são. Por "consumível", queremos dizer algo utilizável, desejável e funcional (atende às necessidades de suas partes interessadas). "Solução" refere-se a algo que pode incluir software, hardware, mudanças em um processo de negócios, mudanças na estrutura organizacional das pessoas que usam a solução e, claro, qualquer documentação de apoio.

4. **Resolva os atrasos gerenciando filas.** Ao resolver as filas (trabalho esperando para ser feito), podemos identificar gargalos e removê-los usando conceitos de Lean, Teoria das Restrições e Kanban. Isso elimina atrasos no fluxo de trabalho que criam esforço extra.

5. **Melhorar continuamente.** Otimizar o fluxo requer aprendizado e aprimoramento contínuos. A meta do processo **Evoluir WoW** captura estratégias para melhorar o ambiente de trabalho de nossa equipe, nosso processo e nossa infraestrutura de ferramentas ao longo do tempo. A escolha do nosso WoW é feita continuamente. Esse aprendizado não é apenas sobre como trabalhamos, mas no que estamos trabalhando. Provavelmente, o impacto mais significativo do trabalho de Eric Ries em Lean Startup é a popularização da mentalidade de experimentação – a aplicação de conceitos fundamentais do método científico aos negócios. Essa mentalidade pode ser aplicada à melhoria de processos seguindo uma estratégia de melhoria contínua guiada (GCI), que descrevemos no Capítulo 1. Validar nossos aprendizados é uma das diretrizes da mentalidade do DA. Melhorar continuamente também é uma das promessas que os agilistas disciplinados fazem uns aos outros (veja abaixo).

6. **Prefira equipes de produtos dedicadas e de longa duração.** Uma tendência muito comum na comunidade ágil é a mudança de equipes de projeto para equipes de produtos multifuncionais. Isso nos leva ao próximo princípio: Organizar em torno de produtos/serviços.

Princípio: Organizar em torno de produtos/serviços

Existem várias razões pelas quais é fundamental organizar em torno de produtos e serviços, ou de forma mais simples, soluções que oferecemos aos nossos clientes. O que queremos dizer com isso é que não nos organizamos em função do cargo, como ter um grupo de vendas, um grupo de análise de negócios, um grupo de análise de dados, um grupo de gerenciamento de fornecedores, um grupo de gerenciamento de projetos e assim por diante. O problema de fazer isso é a sobrecarga e o tempo necessário para gerenciar o trabalho entre essas equipes díspares e alinhar as diferentes prioridades dessas equipes. Em vez disso, construímos equipes dedicadas focadas em entregar uma oferta para um ou mais clientes. Essas equipes serão multifuncionais, pois incluem pessoas com habilidades de vendas, habilidades de análise de negócios, habilidades de gerenciamento e assim por diante.

A organização em torno de produtos/serviços nos permite identificar e otimizar os fluxos importantes, que são value stream. Descobriremos que um conjuntode ofertas relacionadas definirá um value stream que fornecemos aos nossos clientes, e esse value stream será implementado pelo conjunto de equipes para essas ofertas. A camada de value stream do kit de ferramentas do DA, capturada pelo ciclo de vida do DA FLEX, foi descrita no Capítulo 1.

A organização em torno de produtos/serviços nos permite estar focados em encantar os clientes. Stephen Denning chama isso de Lei do Cliente, pela qual todos precisam ser apaixonados e focados em agregar valor aos seus clientes [Denning]. Idealmente, estes são clientes externos, as pessoas ou organizações que a nossa organização existe para servir. Mas às vezes também são clientes internos, outros grupos ou pessoas com quem estamos colaborando, para que possam atender seus clientes de forma mais eficaz.

Dentro de um value stream, a indústria descobriu que equipes de produto dedicadas e multifuncionais que permanecem juntas ao longo do tempo são as mais eficazes na prática [Kersten]. Dito isto, sempre haverá trabalho baseado em projetos também. O Capítulo 6 mostra que o DA oferece suporte a ciclos de vida adequados para equipes de projeto, bem como para equipes de produtos dedicadas. Lembre-se sempre, ter opções é bom.

Princípio: Consciência corporativa

Quando as pessoas têm consciência corporativa, elas são motivadas a considerar as necessidades gerais de sua organização, para garantir que o que estão fazendo contribua positivamente para os objetivos da organização e não apenas para os objetivos abaixo do ideal de sua equipe. Este é um exemplo do princípio lean de otimizar o todo. Nesse caso, "o todo" é a organização, ou pelo menos o value stream, sobre a otimização local no nível da equipe.

Consciência corporativa como um todo muda positivamente o comportamento das pessoas de várias maneiras importantes. Primeiro, é mais provável que trabalhem em estreita colaboração com profissionais da empresa para buscar sua orientação. Essas pessoas — como arquitetos corporativos, gerentes de produto, profissionais de finanças, auditores e executivos seniores — são responsáveis pelas estratégias comerciais e técnicas, e pela evolução da visão geral de nossa organização. Em segundo lugar, as pessoas com consciência corporativa são mais propensas a aproveitar e desenvolver ativos existentes em nossa organização, colaborando com as pessoas responsáveis por esses ativos (como dados, código, padrões e técnicas) para fazê-lo. Terceiro, é mais provável que adotem e sigam orientações comuns, executando o tailoring quando necessário, aumentando assim a consistência e a qualidade gerais. Quarto, eles são mais propensos a compartilhar seus aprendizados entre as equipes, acelerando os esforços gerais de melhoria de nossa organização. Na verdade, uma das lâminas de processo do DA, a Melhoria contínua, está focada em ajudar as pessoas a compartilhar aprendizados. Quinto, é mais provável que as pessoas com consciência corporativa estejam dispostas a trabalhar de maneira transparente, embora esperem reciprocidade dos outros.

Há o potencial para consequências negativas também. Algumas pessoas acreditam que a consciência corporativa como um todo exige consistência absoluta e adesão ao processo por parte das equipes, sem perceber que o contexto conta e que cada equipe precisa tomar suas próprias decisões de processo (dentro dos limites ou o que é comumente chamado de "redes de proteção"). A consciência corporativa como um todo pode levar algumas pessoas a um estado de "paralisia de análise", em que são incapazes de tomar uma decisão, porque estão sobrecarregadas pela complexidade da organização.

Nós prometemos

Como os agilistas disciplinados acreditam nos princípios do DA, eles prometem adotar comportamentos que lhes permitam trabalhar tanto dentro de sua equipe quanto com os outros de forma mais eficaz. Essas promessas são projetadas para serem sinérgicas na prática e têm ciclos de feedback positivo entre elas. As promessas da mentalidade DA são:

- Criar segurança psicológica e adotar a diversidade.
- Acelerar a realização de valor.
- Colaborar proativamente.
- Tornar todo o trabalho e fluxo de trabalho visíveis.
- Melhorar a previsibilidade.
- Manter as cargas de trabalho dentro da capacidade.
- Melhorar continuamente.

Promessa: Criar segurança psicológica e abraçar a diversidade

Segurança psicológica significa ser capaz de mostrar-se e empregar-se sem medo de consequências negativas de status, carreira ou valor próprio — devemos nos sentir confortáveis sendo nós mesmos em nosso ambiente de trabalho. Um estudo de 2015 do Google descobriu que equipes bem-sucedidas oferecem segurança psicológica para os membros da equipe, que os membros da equipe podem depender uns dos outros, que há estrutura e clareza em torno das funções e responsabilidades e que as pessoas estão fazendo um trabalho significativo e impactante para elas [Google].

A segurança psicológica anda de mãos dadas com a diversidade, que é o reconhecimento de que cada um é único e pode agregar valor de diferentes maneiras. As dimensões da singularidade pessoal incluem, entre outros, raça, etnia, gênero, orientação sexual, agilidade, habilidades físicas, status socioeconômico, crenças religiosas, crenças políticas e outras crenças ideológicas. A diversidade é fundamental para o sucesso de uma equipe porque permite maior inovação. Quanto mais diversificada for nossa equipe, melhores serão nossas ideias, melhor será nosso trabalho e mais aprenderemos uns com os outros.

Existem várias estratégias que nos permitem fomentar a segurança psicológica e a diversidade dentro de uma equipe:

1. **Seja respeitoso.** Todo mundo é diferente, com experiências e preferências diferentes. Nenhum de nós é a pessoa mais inteligente da sala. Respeite o que as outras pessoas sabem que nós não sabemos e reconheça que elas têm um ponto de vista diferente e importante.
2. **Seja humilde.** De muitas maneiras, isso é fundamental para ter uma mentalidade de aprendizado e ser respeitoso.
3. **Seja ético e confiável.** As pessoas se sentirão mais seguras trabalhando e interagindo conosco se confiarem em nós. A confiança é construída ao longo do tempo por meio de uma série de ações e pode ser quebrada instantaneamente por uma ação.
4. **Permita que seja seguro falhar.** Existe uma frase de efeito no mundo ágil: "falhe rápido". Preferimos o conselho de Al Shalloway: "Permita que seja seguro falhar para que você possa aprender rápido". A ideia é não hesitar em tentar algo, mesmo que possa falhar. Mas o foco deve ser aprender com segurança e rapidez. Observe que "com segurança" se refere tanto à segurança psicológica quanto à segurança do nosso trabalho. Como aprendemos no Capítulo 1, o objetivo da melhoria contínua guiada (GCI) é experimentar novos modos de trabalhar (WoW) com a expectativa de que funcionem para nós, enquanto estamos preparados para aprender com nosso experimento se ele falhar.

Promessa: Acelerar a realização de valor

Uma pergunta importante a ser feita é: o que é valor? Valor para o cliente — algo que beneficia o cliente final que consome o produto/serviço que nossa equipe ajuda a fornecer — é o foco dos agilistas. Isso é claramente importante, mas no Disciplined Agile fica claro que as equipes têm uma variedade de partes interessadas, incluindo clientes finais externos. Então, não deveríamos fornecer valor a eles também?

Mark Schwartz, em *The Art of Business Value* (A arte do valor de negócio), distingue dois tipos de valor: valor para o cliente e valor para o negócio [Schwartz]. O valor de negócio aborda a questão de que algumas coisas são benéficas para nossa organização e talvez apenas indiretamente para nossos clientes. Por exemplo, investir em arquitetura corporativa, infraestrutura reutilizável e compartilhar inovações em toda a nossa organização oferece o potencial de melhorar a consistência, qualidade, confiabilidade e reduzir custos em longo prazo. Essas coisas têm grande valor para nossa organização, mas podem ter pouco impacto direto no valor para o cliente. No entanto, trabalhar com consciência corporativa é claramente uma coisa muito inteligente a se fazer.

Existem várias maneiras de acelerar a realização de valor:

1. **Trabalhe em itens pequenos e de alto valor.** Ao trabalhar no que tem mais valor agora, aumentamos o retorno do investimento (ROI) de nossos esforços. Ao trabalhar em pequenas coisas e liberá-las rapidamente, reduzimos o custo de atraso e nosso ciclo de feedback, colocando nosso trabalho nas mãos das partes interessadas rapidamente. Esta é uma estratégia muito comum na comunidade ágil e é sem dúvida um fundamento do ágil.
2. **Reutilize os ativos existentes.** Nossa organização provavelmente tem muitas coisas boas das quais podemos tirar proveito, como ferramentas, sistemas, fontes de dados, padrões e muitos outros ativos existentes. Mas precisamos optar por procurá-los, precisamos receber apoio para ter acesso a eles e aprender sobre eles, e talvez precisemos trabalhar um pouco para melhorar os ativos e adequá-los à nossa situação. Uma das diretrizes da mentalidade DA, descrita mais adiante neste capítulo, é aproveitar e aprimorar os ativos organizacionais.
3. **Colabore com outras equipes.** Uma maneira fácil de acelerar a realização de valor é trabalhar com outras pessoas para ter o trabalho feito. Lembre-se do velho ditado: muitas mãos deixam o trabalho leve.

Promessa: Colaborar proativamente

Agilistas disciplinados se esforçam para agregar valor ao todo, não apenas ao seu trabalho individual ou ao trabalho da equipe. A implicação é que queremos colaborar tanto dentro de nossa equipe como com outras pessoas de fora de nossa equipe, e também queremos ser proativos ao fazê-lo. Esperar ser acionado é passivo, observar que alguém precisa de ajuda e se voluntariar para fazê-lo é proativo. Observamos que existem três oportunidades importantes para a colaboração proativa:

1. **Dentro de nossa equipe.** Devemos sempre estar focados em ser incríveis,trabalhando e ajudando nossos colegas de equipe. Portanto, se percebermos que alguém está sobrecarregado com o trabalho ou lutando para resolver algo, não espere apenas ser acionado, mas ofereça-se para ajudar.
2. **Com nossas partes interessadas.** Equipes incríveis têm uma relação de trabalho muito boa com suas partes interessadas, colaborando com elas para garantir que o que fazem é o que as partes interessadas realmente precisam.
3. **Além das fronteiras organizacionais.** No Capítulo 1, discutimos como uma organização é um sistema adaptativo complexo (complex adaptive system, CAS) de equipes interagindo com outras equipes.

Promessa: Tornar todo o trabalho e fluxo de trabalho visíveis

Equipes Disciplined Agile — e membros individuais da equipe — tornam todo o seu trabalho e a maneira como estão trabalhando visíveis para os outros.[3] Isso costuma ser chamado de "transparência radical" e a ideia é que devemos ser abertos e honestos com os outros. Nem todo mundo sente-se à vontade com isso.

As organizações com métodos tradicionais têm muitos projetos "melancia" — verde por fora e vermelho por dentro —, ou seja: afirmam estar indo bem, embora estejam realmente com problemas. A transparência é fundamental tanto para apoiar uma governança eficaz como para permitir a colaboração, pois as pessoas podem ver no que os outros estão trabalhando no momento.

Equipes Disciplined Agile geralmente tornam seu trabalho visível tanto no nível individual como no nível da equipe. É fundamental focar em nosso trabalho em processo, que é mais do que o trabalho em progresso. O trabalho em progresso é o que estamos trabalhando atualmente. O trabalho em processo é o nosso trabalho em progresso mais qualquer trabalho que esteja na fila esperando que cheguemos a ele. Como resultado, os agilistas disciplinados concentram-se no trabalho em processo.

Equipes disciplinadas tornam seu fluxo de trabalho visível e, portanto, têm políticas de fluxo de trabalho explícitas para que todos saibam como todos os outros estão trabalhando. Isso apoia a colaboração, porque as pessoas têm acordos sobre como vão trabalhar juntas. Também apoia a melhoria do processo, porque nos permite entender o que está acontecendo e, assim, aumenta a chance de detectarmos onde temos problemas em potencial. É importante que sejamos agnósticos e pragmáticos na forma como trabalhamos, pois queremos fazer o melhor que pudermos no contexto que enfrentamos.

---

[3] Isso, é claro, pode ser limitado pela necessidade de manter o sigilo, resultante de preocupações competitivas ou regulatórias.

Promessa: Aprimorar a previsibilidade

Equipes disciplinadas se esforçam para aprimorar sua previsibilidade para permitir que colaborem e se auto-organizem de forma mais eficaz e, assim, aumentem a chance de cumprir quaisquer compromissos assumidos com suas partes interessadas. Muitas das promessas anteriores que fizemos direcionaram para melhorar a previsibilidade. Para ver como otimizar a previsibilidade, muitas vezes é útil ver o que causa a imprevisibilidade, como débito técnico e membros da equipe sobrecarregados, e então atacar esses desafios.

Estratégias comuns para melhorar a previsibilidade incluem:

- **Pagar o débito técnico.** O débito técnico refere-se ao custo implícito de futura refatoração ou retrabalho para melhorar a qualidade de um ativo e torná-lo fácil de manter e estender. Quando temos um débito técnico significativo, torna-se difícil prever quanto esforço o trabalho exigirá — trabalhar com ativos de alta qualidade é muito mais fácil do que trabalhar com ativos de baixa qualidade. Como a maior parte do débito técnico está oculta (não sabemos realmente o que chama esse código-fonte que estamos prestes a alterar ou não sabemos o que realmente está por trás daquela parede que estamos prestes a derrubar enquanto renovamos nossa cozinha), muitas vezes temos surpresas imprevisíveis quando entramos no trabalho. O pagamento do débito técnico, descrito pela meta do processo **Melhorar a qualidade**, é uma estratégia importante para aumentar a previsibilidade do nosso trabalho.
- **Respeitar os limites do trabalho em processo (work in process, WIP).** Quando as pessoas estão trabalhando perto ou em sua capacidade máxima, torna-se difícil prever quanto tempo algo levará para ser realizado. Esses 2 dias de esforço podem ser na verdade 3 meses de trabalho, ou porque o deixamos na nossa fila por 3 meses ou fizemos um pouco do trabalho de cada vez ao longo de 3 meses. Pior ainda, quanto mais sobrecarregado alguém se torna, mais seus ciclos de feedback aumentarão, gerando ainda mais trabalho para eles (veja abaixo), aumentando ainda mais sua carga de trabalho. Portanto, queremos manter as cargas de trabalho dentro da capacidade, que é outra de nossas promessas.
- **Adotar uma abordagem de testar primeiro.** Com uma abordagem de testar primeiro, pensamos em como testaremos algo antes de construí-lo. Isso tem a vantagem de que nossos testes especificam e validam nosso trabalho, cumprindo assim o trabalho duplo, o que muito provavelmente nos motivará a criar um produto de trabalho de maior qualidade. Também aumenta nossa previsibilidade, porque teremos uma melhor compreensão do que estamos trabalhando antes de começar a trabalhar de fato. Existem várias práticas comuns que adotam uma abordagem de testar primeiro, incluindo desenvolvimento orientado a testes de aceitação (acceptance test-driven development, ATDD) [ExecutableSpecs], onde capturamos requisitos detalhados por meio de testes de aceitação funcionais e desenvolvimento orientado a testes (test-driven development, TDD) [Beck; TDD], onde nosso design é capturado como testes de desenvolvimento de trabalho.

- **Reduza os ciclos de feedback.** Um ciclo de feedback é a quantidade de tempo entre fazer algo e receber feedback sobre isso. Por exemplo, se escrevermos um memorando e depois o enviarmos a alguém para ver o que eles pensam, e levarem 4 dias para que eles nos retornem, o ciclo de feedback é de 4 dias. Porém, se trabalharmos de forma colaborativa e escrevermos o memorando juntos, uma técnica chamada pareamento, o ciclo de feedback é da ordem de segundos, porque eles podem ver o que digitamos e discutir o conteúdo enquanto digitamos. Ciclos curtos de feedback nos permitem agir rapidamente para melhorar a qualidade do nosso trabalho, melhorando assim nossa previsibilidade e aumentando a chance de encantarmos nossos clientes. Ciclos longos de feedback são problemáticos, porque quanto mais tempo leva para obter feedback, maior a chance de que quaisquer problemas que tenhamos em nosso trabalho sejam levados adiante, aumentando assim o custo de resolvê-los, pois agora precisamos corrigir o problema original e tudo o mais que o propagou. Ciclos longos de feedback também aumentam a chance de que o que precisa ser feito evolua, seja porque algo mudou no ambiente ou porque alguém simplesmente mudou de ideia sobre o que deseja. Em ambos os casos, o ciclo de feedback mais longo resulta em mais trabalho para nós e, portanto, aumenta nossa carga de trabalho (como discutido anteriormente).

Promessa: Manter as cargas de trabalho dentro da capacidade

Ir além da capacidade é problemático tanto do ponto de vista pessoal como da produtividade. No nível pessoal, sobrecarregar uma pessoa ou equipe muitas vezes aumenta a frustração das pessoas envolvidas. Embora possa motivar algumas pessoas a trabalhar mais no curto prazo, causará esgotamento (burnout) no longo prazo e pode até motivar as pessoas a desistir e sair, porque a situação parece sem esperança para elas. Do ponto de vista da produtividade, a sobrecarga causa excesso de multitarefa, o que aumenta a sobrecarga como um todo. Podemos manter as cargas de trabalho dentro da capacidade das seguintes maneiras:

- **Trabalhando em pequenos batches.** Ter pequenos batches de trabalho nos permite focar em concluir o pequeno batch e depois passar para o próximo batch pequeno.
- **Ter equipes devidamente formadas.** Equipes multifuncionais e com número de integrantes suficiente aumentam nossa capacidade de manter a carga de trabalho dentro da capacidade, pois reduz a dependência de outras pessoas. Quanto mais dependências temos, menos previsível nosso trabalho se torna e, portanto, mais difícil de organizar.
- **Tenha uma perspectiva de fluxo.** Ao observar o fluxo de trabalho geral do qual fazemos parte, podemos identificar onde estamos em relação à capacidade, procurando gargalos onde o trabalho estiver enfileirado. Podemos então ajustar nosso WoW para aliviar o gargalo, talvez mudando as pessoas de uma atividade para outra onde precisamos de mais capacidade ou melhorando nossa abordagem para a atividade em que temos o gargalo. Nosso objetivo, claro, é otimizar o fluxo em toda o value stream do qual fazemos parte, não apenas otimizar localmente nosso próprio fluxo de trabalho.
- **Use um sistema puxado (pull system).** Uma das vantagens de puxar o trabalho quando estamos prontos é que podemos gerenciar nosso próprio nível de carga de trabalho.

Promessa: Melhorar continuamente

As organizações realmente bem-sucedidas — Apple, Amazon, eBay, Facebook, Google e outras — chegaram aonde estão por meio de melhorias contínuas. Elas perceberam que, para se manterem competitivas, precisavam buscar constantemente maneiras de melhorar seus processos, os resultados que estavam entregando aos clientes e suas estruturas organizacionais. É por isso que essas organizações adotam uma abordagem baseada em kaizen por meio de pequenas mudanças. No Capítulo 1, aprendemos que podemos fazer ainda melhor do que isso, adotando uma abordagem de melhoria contínua guiada (guided continuous improvement, GCI) que aproveita a base de conhecimento contida no kit de ferramentas de DA.

A melhoria contínua exige que tenhamos um compromisso sobre o que estamos melhorando. Observamos que as equipes que se concentram em otimizar a maneira como cumprem as promessas descritas aqui, incluindo aprimorar a forma como melhoram, tendem a melhorar mais rapidamente do que aquelas que não o fazem. Nossa equipe claramente se beneficia ao aumentar a segurança e a diversidade, melhorar a colaboração, melhorar a previsibilidade e manter sua carga de trabalho dentro da capacidade. Nossa organização também se beneficia dessas coisas quando melhoramos as outras promessas.

Seguimos estas diretrizes

Para cumprir as promessas que os agilistas disciplinados fazem, eles escolherão seguir um conjunto de diretrizes que os tornam mais eficazes no modo como trabalham. As diretrizes da mentalidade DA são:

1. Validar nossos aprendizados.
2. Aplicar o design thinking.
3. Atender aos relacionamentos através do value stream.
4. Criar ambientes eficazes que promovam descontração.
5. Mudar a cultura melhorando o sistema.
6. Criar equipes semiautônomas e auto-organizáveis.
7. Adotar medidas para melhorar os resultados.
8. Alavancar e aprimorar os ativos organizacionais.

Diretriz: Validar nossos aprendizados

A única maneira de se tornar incrível é experimentar e adotar, quando apropriado, um novo WoW. No fluxo de trabalho da GCI, depois de experimentarmos um novo modo de trabalhar, avaliamos se funcionou, uma abordagem chamada de aprendizagem validada. Felizmente, descobrimos que o novo WoW funciona para nós em nosso contexto, mas também podemos descobrir que não. De qualquer forma, validamos o que aprendemos. Estar disposto e ser capaz de experimentar é fundamental para nossos esforços de melhoria de processos. Lembre-se do aforismo de Mark Twain: "Não é o que você não sabe que vai colocá-lo em apuros. É o que você tem certeza de que não é bem assim."

Aprendizagem validada não é apenas para melhoria de processos. Devemos também aplicar essa estratégia ao produto/serviço (solução) que estamos fornecendo aos nossos clientes. Podemos construir em fatias finas, disponibilizar as mudanças para nossas partes interessadas e então avaliar como essa mudança funciona na prática. Podemos fazer isso demonstrando nossa oferta para as nossas partes interessadas ou, melhor ainda, divulgando nossas alterações para usuários finais e medindo se eles se beneficiaram com essas mudanças.

Diretriz: Aplicar o design thinking

Encantar os clientes exige que reconheçamos que nosso trabalho é criar value streams operacionais com nossos clientes em mente. Isso requer design thinking de nossa parte. Design thinking significa ser empático com o cliente, primeiro tentar entender seu contexto e necessidades antes de desenvolver uma solução. O design thinking representa uma fundamental mudança da construção de sistemas em nossa perspectiva para a solução criativa dos problemas dos clientes e, melhor ainda, o atendimento de necessidades que eles nem sabiam que tinham.

O design thinking é uma abordagem exploratória que deve ser usada para explorar iterativamente um cenário de problema e identificar possíveis soluções para ele. O design thinking tem suas raízes no design centrado no usuário, bem como no design centrado no uso, os quais influenciaram a modelagem ágil, um dos muitos métodos dos quais o kit de ferramentas do DA consome. No Capítulo 6, aprenderemos que o DA inclui o ciclo de vida Exploratório, usado especificamente para explorar um novo cenário de problemas.

Diretriz: Atender aos relacionamentos através do value stream

Um dos maiores pontos fortes do Manifesto Ágil é seu primeiro valor: Indivíduos e interações mais que processos e ferramentas. Outro ponto forte é o foco das equipes nos princípios por trás do manifesto. No entanto, o infeliz efeito colateral disso tira o foco das interações entre pessoas de equipes diferentes ou até mesmo de organizações diferentes. Em nossa experiência, acreditamos que o que os autores do manifesto queriam dizer, é que as interações entre as pessoas que fazem o trabalho são a chave, independentemente de fazerem ou não parte da equipe. Portanto, se um gerente de produto precisa trabalhar em estreita colaboração com a equipe de análise de dados de nossa organização para entender melhor o que está acontecendo no mercado e a nossa equipe de estratégia para ajudar a contextualizar essas observações, queremos garantir que essas interações sejam eficazes. Precisamos colaborar proativamente entre essas equipes para apoiar o trabalho geral em questão.

Cuidar e manter processos interativos saudáveis são aspectos importantes para as pessoas envolvidas e devem ser apoiados e incentivados por nossa liderança organizacional. Na verdade, existe uma estratégia de liderança chamada gerenciamento médio-alto-baixo [Nonaka], em que a gestão olha para o "alto", no value stream, para identificar o que é necessário, habilitando que a equipe atenda o que é preciso, e trabalha com as demais equipes para coordenar o trabalho de forma eficaz. O objetivo geral é coordenar localmente de uma maneira que suporte a otimização do fluxo de trabalho como um todo.

Diretriz: Criar ambientes eficazes que promovam descontração

Parafraseando o Manifesto Ágil, equipes incríveis são construídas em torno de indivíduos motivados que recebem o ambiente e o apoio necessários para cumprir seus objetivos. Parte de ser incrível é se divertir e ser alegre. Queremos que o trabalho em nossa empresa seja uma ótima experiência para atrair e manter as melhores pessoas. Se bem feito, trabalho é diversão.

Podemos tornar nosso trabalho mais alegre, criando um ambiente que nos permita trabalhar bem juntos. Uma estratégia-chave para conseguir isso é permitir que as equipes se auto-organizem — deixá-las escolher e desenvolver seu próprio WoW, estrutura organizacional e ambientes de trabalho. As equipes devem fazê-lo com consciência corporativa, o que significa que precisamos colaborar com outras equipes, e há procedimentos e padrões organizacionais que devemos seguir e restrições sobre o que podemos fazer. O trabalho da liderança é fornecer um bom ambiente para as equipes começarem e, em seguida, apoiar e permitir que as equipes melhorem à medida que aprendem ao longo do tempo.

Diretriz: Mudar a cultura melhorando o sistema

Peter Drucker ficou famoso por dizer: "A cultura come a estratégia no café da manhã". Isso é algo que a comunidade ágil levou a sério, e essa filosofia está claramente refletida na natureza orientada à pessoas do Manifesto Ágil. Enquanto a cultura é importante e a mudança de cultura seja um componente crítico da transformação ágil de qualquer organização, a triste realidade é que não podemos mudá-la diretamente. Isso ocorre porque a cultura é um reflexo do sistema de gerenciamento em vigor, portanto, para mudar nossa cultura, precisamos evoluir nosso sistema como um todo.

Do ponto de vista dos sistemas, o sistema é a soma de seus componentes e a soma de como interagem uns com os outros [Meadows]. No caso de uma organização, os componentes são as equipes/grupos dentro dela e as ferramentas e outros ativos, tanto digitais quanto físicos, com os quais trabalham. As interações são as colaborações das pessoas envolvidas, impulsionadas pelos papéis e responsabilidades que assumem e seu WoW. Para melhorar um sistema, precisamos evoluir tanto seus componentes quanto as interações entre esses componentes exatamente no mesmo ritmo.

Para melhorar os componentes do nosso sistema organizacional, precisamos evoluir nossas estruturas de equipe e as ferramentas/ativos que usamos para fazer nosso trabalho. A próxima diretriz de mentalidade do DA, criar equipes semiautônomas e auto-organizáveis, aborda isso no lado da equipe. A meta do processo **Melhorar a qualidade** captura opções para melhorar a qualidade de nossa infraestrutura, que tende a ser um empreendimento de longo prazo que exige investimentos significativos. Para melhorar as interações entre os componentes, que é o foco deste livro, precisamos evoluir as funções e responsabilidades das pessoas que trabalham em nossos times e permitir que eles evoluam seu WoW.

Para resumir, se melhorarmos o sistema, haverá uma mudança de cultura. Para garantir que a mudança de cultura seja positiva, precisamos adotar uma abordagem de aprendizagem validada para essas melhorias.

Diretriz: Criar equipes semiautônomas e auto-organizáveis

As organizações são sistemas adaptativos complexos (CAS) compostos por uma rede de equipes ou, se preferir, uma equipe de equipes. Embora o ágil tradicional nos implore para criar "equipes completas" que tenham todas as habilidades e recursos necessários para alcançar os resultados que lhes foram atribuídos, a realidade é que nenhuma equipe é uma ilha em si mesma. Equipes autônomas seriam ideais, mas sempre há dependências de outras equipes anteriores das quais fazemos parte, bem como as subsequentes. E, claro, existem dependências entre as soluções (produtos ou serviços) que exigem a colaboração das equipes responsáveis por elas. *Essa estrutura organizacional de rede de equipes está sendo recomendada por Stephen Denning em sua Lei da Rede* [Denning], Mik Kersten em sua recomendação para mudar de equipes de projeto para equipes de produto [Kersten], John Kotter em Acelerate [Kotter], Stanley McChrystal em sua estratégia de equipe de equipes [MCSF] e muitos outros.

As equipes colaborarão proativamente com outras equipes regularmente, uma das promessas da mentalidade DA. Equipes incríveis são tão completas quanto possível: são multifuncionais; têm as habilidades, a autoridade e os recursos necessários para ser bem-sucedidas; e os próprios membros da equipe tendem a ser especialistas-generalistas multifuncionais. Além disso, são organizadas em torno dos produtos/serviços oferecidos pelo value stream do qual fazem parte. Curiosamente, quando temos equipes dedicadas às partes interessadas do negócio, o orçamento fica muito mais simples, pois precisamos apenas orçar para as pessoas alinhadas a cada produto/serviço.

Criar equipes semiautônomas é um ótimo começo, mas a auto-organização dentro do contexto do value stream também é algo a ser observado. As equipes serão auto-organizadas, mas devem fazê-lo dentro do contexto do fluxo de trabalho geral do qual fazem parte. Lembre-se dos princípios de otimizar o fluxo e da consciência corporativa como um todo, pois as equipes devem se esforçar para fazer o que é certo para a organização inteira, não apenas o que é conveniente para elas. Quando outras equipes também trabalham dessa maneira, somos todos muito melhores por isso.

Diretriz: Adotar medidas para melhorar os resultados

Quando se trata de medição, contexto conta. O que esperamos melhorar? Qualidade? Tempo até lançamento no mercado (TTM)? Moral do pessoal? Satisfação do cliente? Combinações dos itens acima? Cada pessoa, equipe e organização tem suas próprias prioridades de melhoria e seus próprios modos de trabalhar, e terão seu próprio conjunto de medidas que coletam para fornecer informações sobre como estão se saindo e, mais importante, como proceder. E essas medidas evoluem ao longo do tempo à medida que sua situação e prioridades evoluem. A implicação é que nossa estratégia de medição deve ser flexível e adequada ao propósito, variando entre as equipes. A meta de processo **Governar a equipe** fornece várias estratégias, incluindo goal question metric [GQM] e objetivos e resultados-chave (objectives and key results, OKRs) [Doer], que promovem métricas orientadas ao contexto.

As métricas devem ser usadas por uma equipe para fornecer insights sobre como elas funcionam e dar visibilidade à liderança sênior para governar a equipe de forma eficaz. Quando bem feitas, as métricas levarão a melhores decisões, que, por sua vez, levarão a melhores resultados. Quando feita de forma errada, nossa estratégia de medição aumentará a burocracia enfrentada pela equipe, será um empecilho para sua produtividade e fornecerá informações imprecisas para quem estiver tentando governar a equipe. Aqui estão várias heurísticas a serem consideradas ao decidir sobre a abordagem para medir nossa equipe:

- Comece com resultados.
- Meça o que está diretamente relacionado à entrega de valor.
- Não há "uma maneira" de medir; as equipes precisam de métricas adequadas ao propósito.
- Cada métrica tem pontos fortes e fracos.
- Use métricas para motivar, não para comparar.
- Obtemos o que medimos.
- As equipes usam métricas para se auto-organizar.
- Meça os resultados no nível da equipe.
- Cada equipe precisa de um conjunto exclusivo de métricas.
- Meça para melhorar; precisamos medir nosso esforço para que possamos ver nosso ganho.
- Tenha categorias de métricas comuns entre as equipes, não métricas comuns.
- Confie, mas verifique.
- Não gerencie as métricas.
- Automatize sempre que possível para tornar as métricas impossíveis de ser manipuladas.
- Prefira tendências a escalares.
- Prefira métricas de previsão à métricas históricas.
- Prefira puxar ao invés de empurrar.

Diretriz: Aproveitar e aprimorar os ativos organizacionais

Nossa organização tem muitos ativos — sistemas de informação, fontes de informação, ferramentas, modelos, procedimentos, aprendizados e outras coisas — que nossa equipe pode adotar para melhorar nossa eficácia. Podemos não apenas optar por adotar esses ativos, como também descobrir que podemos aprimorá-los para torná-los melhores para nós e para outras equipes que também optam por trabalhar com esses ativos. Esta diretriz é importante por vários motivos:

1. **Muito trabalho valioso foi feito antes.** Há uma ampla gama de ativos dentro de nossas organizações que nossa equipe pode alavancar. Às vezes, descobriremos que precisamos primeiro evoluir um ativo existente para que ele atenda às nossas necessidades, o que geralmente se mostra mais rápido e econômico do que construí-lo do zero.
2. **Ainda existe muito trabalho bem feito ao nosso redor.** Nossa organização é uma rede de equipes semiautônomas e auto-organizáveis. Podemos trabalhar e aprender com essas equipes, colaborando proativamente com elas, acelerando assim a realização de valor. A equipe de arquitetura corporativa pode nos ajudar a indicar a direção certa e podemos ajudá-los a aprender como suas estratégias funcionam quando aplicadas na prática. Stephen Denning enfatiza a necessidade da parte de operações de negócios de nossa organização, como gerenciamento de fornecedores, finanças e gerenciamento de pessoas, para apoiar as equipes que executam os value streams de nossa organização [Denning]. Devemos trabalhar e aprender juntos com consciência corporativa se quisermos encantar nossos clientes.
3. **Podemos reduzir o débito técnico como um todo.** A triste realidade é que muitas organizações enfrentam dificuldades com cargas de débito técnico substanciais, como discutimos anteriormente. Ao optar por reutilizar os ativos existentes e investir no pagamento de parte do débito técnico que encontramos ao longo do processo, lentamente sairemos da armadilha do débito técnico em que nos encontramos.
4. **Podemos fornecer maior valor mais rapidamente.** O aumento da reutilização nos permite focar na implementação de novas funcionalidades para encantar nossos clientes em vez de apenas reinventar o que já estamos oferecendo a eles. Ao pagar o débito técnico, aumentamos a qualidade inerente da infraestrutura sobre a qual estamos construindo, o que nos permite fornecer novas funcionalidades mais rapidamente ao longo do tempo.
5. **Podemos apoiar os outros.** Assim como nossa equipe colabora e aprende com outras equipes, essas outras equipes colaboram e aprendem conosco. No nível organizacional, podemos melhorar isso por meio da criação de centros de excelência (CoEs) e comunidades de prática (CoPs) para compreender e compartilhar aprendizados em toda a organização [CoE; CoP].

E mais algumas grandes filosofias

Aqui estão algumas filosofias que vimos funcionando bem na prática para agilistas disciplinados:

1. **Se for difícil, faça com mais frequência.** Você acredita que o teste de integração de sistemas (system integration testing, SIT) é difícil? Em vez de empurrá-lo para o final do ciclo de vida, como fazem os tradicionalistas, encontre uma maneira de fazê-lo a cada iteração. Então encontre uma maneira de fazer isso todos os dias. Fazer coisas difíceis com mais frequência nos força a encontrar maneiras, muitas vezes por meio da automação, de torná-las mais fáceis.

2. **Se for assustador, faça com mais frequência.** Temos medo de evoluir um determinado pedaço de código? Temos medo de receber feedback das partes interessadas, por que elas podem mudar de ideia? Então vamos fazer isso com mais frequência e encontrar maneiras de superar o que tememos. Encontre maneiras de evitar os resultados negativos ou torná-los positivos. Corrija aquele código. Facilite a evolução da nossa solução. Ajude as partes interessadas a entender as implicações das decisões que estão tomando.
3. **Continue perguntando o porquê.** Para realmente entender algo, precisamos perguntar por que aconteceu, por que funciona dessa maneira ou por que é importante para os outros. Então pergunte por que de novo, e de novo, e de novo. A Toyota chama essa prática de análise dos cinco porquês [Liker], mas não trate cinco como um número mágico. Continuamos perguntando "por quê" até chegarmos à causa raiz.
4. **Aprenda algo todos os dias.** Agilistas disciplinados se esforçam para aprender algo todos os dias. Talvez seja algo sobre o domínio em que estão trabalhando. Talvez seja algo sobre as tecnologias, ou algo sobre suas ferramentas. Talvez seja uma nova prática, ou uma nova maneira de realizar uma prática. Há muitas oportunidades de aprendizado diante de nós. Agarre-as.

Em suma

Como podemos resumir a mentalidade Disciplined Agile? Simon Powers resume a mentalidade em termos de três crenças centrais [Powers]. Essas crenças são:

1. **A crença da complexidade.** Muitos dos problemas que enfrentamos são problemas adaptativos complexos, o que significa que, ao tentar resolver esses problemas, mudamos a natureza dos próprios problemas.
2. **A crença das pessoas.** Os indivíduos são ambos, independentes e dependentes de suas equipes e organizações. Os seres humanos são interdependentes. Dado o ambiente certo (segurança, respeito, diversidade e inclusão) e um propósito motivador, é possível que surja a confiança e a auto-organização. Para que isso aconteça, é necessário tratar a todos com incondicional consideração positiva.
3. **A crença da proatividade.** A proatividade é encontrada na busca incansável pelo aprimoramento.

Achamos essas crenças convincentes. De muitas maneiras, elas resumem as motivações fundamentais pelas quais precisamos escolher nosso WoW. Como enfrentamos um contexto único, precisamos adequar nosso WoW e, ao fazê-lo, mudamos a situação que enfrentamos, o que também exige que nosso WoW seja aprendido e evoluído. A crença nas pessoas nos motiva a encontrar um WoW que nos permita trabalhar juntos de forma eficaz e segura, e a crença da proatividade reflete a ideia de que devemos aprender e melhorar continuamente.

A mentalidade é apenas o começo

A mentalidade Disciplined Agile fornece uma base sólida a partir da qual nossa organização pode se tornar ágil, mas é apenas uma base. Nosso medo é que muitos coaches inexperientes estejam emburrecendo o ágil, esperando focar nos conceitos vistos neste capítulo. É um bom começo, mas não resolve na prática. Não basta "ser ágil", também precisamos saber "fazer ágil". É maravilhoso quando alguém quer trabalhar de forma colaborativa e respeitosa, mas se não souber realmente como fazer o trabalho, não chegará muito longe. O desenvolvimento de software e, mais importante, a entrega de soluções são complexos — precisamos saber o que estamos fazendo.

Capítulo 3

Disciplined Agile Delivery (DAD) em uma casca de noz

*Disciplina é fazer o que você sabe que precisa ser feito,
mesmo que você não queira. — Autor Desconhecido*

Pontos-chave deste capítulo

- O DAD é a parte da entrega do kit de ferramentas do Disciplined Agile (DA) — não é apenas mais uma metodologia.
- Se você estiver usando Scrum, XP ou Kanban, já está usando variações de um subconjunto de DAD.
- O DAD oferece seis opções de ciclos de vida: não prescreve um único modo de trabalhar — ter opções é bom.
- O DAD aborda as principais preocupações da empresa.
- O DAD faz a parte pesada do processo para liberar você dessa tarefa.
- O DAD mostra como o desenvolvimento ágil funciona do começo ao fim.
- O DAD fornece uma base flexível para escalar taticamente os métodos convencionais.
- É fácil começar a usar o DAD.
- Você pode começar com o seu WoW atual e depois aplicar o DAD para melhorá-lo gradualmente. Você não precisa fazer uma mudança arriscada estilo "big bang".

Muitas organizações iniciam sua jornada para o ágil adotando o Scrum, porque ele descreve uma boa estratégia para liderar equipes de software ágil. No entanto, o Scrum é uma parte muito pequena do que é necessário para entregar soluções sofisticadas às partes interessadas. Invariavelmente, as equipes precisam procurar outros métodos para preencher as lacunas do processo que o Scrum ignora propositalmente, e o Scrum é muito claro sobre isso. Ao buscar outros métodos, há uma sobreposição considerável e terminologia conflitante que pode ser confusa para os profissionais, bem como para as partes interessadas externas. Pior ainda, as pessoas nem sempre sabem onde procurar orientações ou nem mesmo sabem quais questões precisam considerar.

Para enfrentar esses desafios, o Disciplined Agile Delivery (DAD) oferece uma abordagem mais coesa para a entrega de soluções ágeis. O DAD é uma abordagem ágil híbrida, orientada para o aprendizado e que coloca as pessoas em primeiro lugar, para a entrega de soluções de TI. Estes são os aspectos críticos do DAD:

1. **As pessoas em primeiro lugar.** As pessoas e a maneira como trabalhamos juntos são os principais determinantes do sucesso de uma equipe de entrega de soluções. O DAD oferece apoio a um conjunto robusto de papéis, direitos e responsabilidades que você pode ajustar para atender às necessidades de sua situação.
2. **Híbrido.** O DAD é um kit de ferramentas híbrido que coloca ótimas ideias de Scrum, SAFe, Spotify, Agile Modeling (AM), Extreme Programming (XP), Processo Unificado (UP), Kanban, Desenvolvimento de Software Lean e vários outros métodos em contexto.
3. **Ciclo de vida de entrega completo.** O DAD aborda o ciclo de vida de entrega completo, desde a iniciação da equipe até a entrega de uma solução para seus usuários finais.
4. **Compatibilidade com vários ciclos de vida.** O DAD é compatível com versões de ágil, lean, entrega contínua, exploratórias e de grandes equipes do ciclo de vida. O DAD não prescreve um único ciclo de vida, porque reconhece que uma única abordagem de processo não serve para tudo. O Capítulo 6 explora os ciclos de vida em mais detalhes e fornece orientações para escolher o caminho certo para começar e como evoluir de um para outro ao longo do tempo.
5. **Completo.** O DAD mostra como desenvolvimento, modelagem, arquitetura, gerenciamento, requisitos/resultados, documentação, governança e outras estratégias se encaixam em um todo simplificado. O DAD faz a "parte pesada do processo" que, em outros métodos, são de sua responsabilidade.
6. **Sensível ao contexto.** O DAD promove o que chamamos de abordagem orientada a metas ou orientada a resultados. Ao fazer isso, o DAD fornece orientações contextuais sobre alternativas viáveis e as escolhas envolvidas (trade-offs), permitindo que você personalize o DAD para lidar com a sua situação específica. Ao descrever o que funciona, o que não funciona e, mais importante, por quê, o DAD ajuda você a aumentar sua chance de adotar estratégias que funcionarão para você e implementá-las de maneira simplificada. Lembre-se do princípio do DA: Contexto conta.
7. **Soluções consumíveis prevalecem sobre software funcionando.** Um software que pode ser entregue é um bom começo, mas nós realmente precisamos de soluções consumíveis que encantem nossos clientes.
8. **Auto-organização com a governança adequada.** Equipes ágeis e lean são auto-organizadas, o que significa que as pessoas que concluem o trabalho são as que fazem o planejamento e a estimativa. Mas isso não significa que podem fazer o que quiserem. Elas ainda devem trabalhar com consciência corporativa como um todo e de maneira que reflita as prioridades de sua organização e, para isso, precisarão ser governadas de forma apropriada pela liderança sênior. A meta do processo **Governar a equipe** descreve opções para fazer exatamente isso.

Este capítulo fornece uma breve visão geral do DAD, e mais detalhes serão apresentados nos capítulos subsequentes.

O que há de novo no DAD?

Para os profissionais de DAD existentes, há várias mudanças interessantes neste livro em comparação com o *Disciplined Agile Delivery: A Practitioner's Guide to Agile Software Delivery in the Enterprise* [AmblerLines2012]. Fizemos essas mudanças com base em nosso trabalho em dezenas de organizações em todo o mundo e, mais importante, nas contribuições que recebemos de uma infinidade de profissionais. Essas mudanças são:

1. **As metas de processo foram refatoradas.** Nos últimos anos, renomeamos algumas metas, introduzimos uma nova meta e combinamos dois pares de metas. Acreditamos que isso tornará as metas mais compreensíveis.
2. **Todas as metas foram atualizadas.** Aprendemos muito nos últimos anos, surgiram muitas técnicas excelentes e aplicamos técnicas mais antigas em novas situações. Publicamos atualizações das metas on-line no site PMI.org/disciplined-agile e em nosso material didático, mas esta é a primeira vez que capturamos todas as atualizações em formato impresso.
3. **Todas as metas são apresentadas de maneira visual.** Este é o primeiro livro a apresentar todos os diagramas de metas do DAD. Apresentamos os diagramas de metas após o lançamento do livro original, que é de 2012.
4. **Ciclos de vida novos e atualizados.** Apresentamos explicitamente o ciclo de vida de Programa (já o descrevemos em termos de estrutura de equipe antes) e o ciclo de vida Exploratório. Também apresentamos versões de ágil e *lean* do que costumávamos chamar de ciclo de vida de Entrega contínua.
5. **Conselhos para aplicar o kit de ferramentas na prática.** Uma grande diferença que você verá neste livro é a presença de muito mais conselhos sobre como aplicar o DA na prática. Esses conselhos refletem os anos extras de trabalho com organizações ao redor do mundo na adoção de estratégias de Disciplined Agile.

As pessoas em primeiro lugar: papéis, direitos e responsabilidades

A Figura 3.1 mostra os possíveis papéis que as pessoas irão desempenhar nas equipes de DAD, e o Capítulo 4 descreve-os em detalhes. Os papéis são organizados em duas categorias: papéis

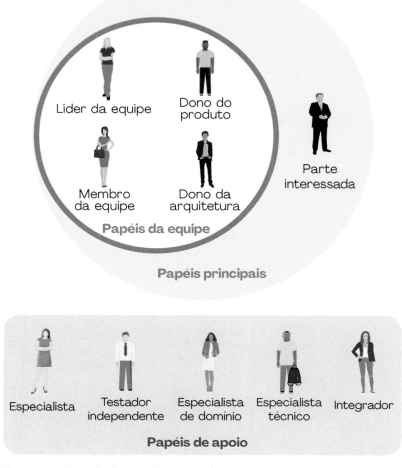

Figura 3.1 Possíveis papéis em equipes DAD.

principais, que consideramos essenciais para o sucesso de qualquer equipe ágil, e papéis de apoio, que aparecem conforme necessário.

Os papéis principais são:

- **Líder da equipe.** Essa pessoa lidera a equipe, ajudando a equipe a ser bem sucedida. Pode ser um Scrum master sênior, gerente de projeto ou gerente funcional.
- **Dono do produto (PO).** O dono do produto é responsável por trabalhar com as partes interessadas para identificar o trabalho a ser feito, priorizar esse trabalho, ajudar a equipe a entender as necessidades das partes interessadas e ajudar a equipe a interagir efetivamente com as partes interessadas [ScrumGuide].
- **Dono da arquitetura (AO).** O dono da arquitetura orienta a equipe em decisões de arquitetura e design, trabalhando em estreita colaboração com o líder da equipe e o dono do produto [AgileModeling].
- **Membro da equipe.** Os membros da equipe trabalham juntos para produzir a solução. Idealmente, os membros da equipe são especialistas generalistas, ou estão trabalhando para se tornarem especialistas generalistas, muitas vezes chamados de pessoas com habilidades em diversas áreas. Um especialista generalista é alguém com uma ou mais especialidades (como teste, análise, programação etc.) e um amplo conhecimento de entrega de soluções e do domínio em que está trabalhando [GenSpec].
- **Parte interessada.** Uma parte interessada é alguém que será afetado pelo trabalho da equipe, incluindo, entre outros, usuários finais, engenheiros de suporte, equipe de operações, finanças, auditores, arquitetos corporativos e liderança sênior. Alguns métodos ágeis chamam esse papel de cliente.

Os papéis de apoio são:

- **Especialista.** Embora a maioria dos membros da equipe seja especialista generalista, ou pelo menos se esforce para sê-lo, às vezes temos especialistas nas equipes quando necessário. Os especialistas em experiência do usuário (UX) e segurança podem estar em uma equipe quando há desenvolvimento significativo de interface do usuário (UI) ou questões de segurança, respectivamente. Às vezes, os analistas de negócios são necessários para apoiar os donos do produto ao lidar com um domínio complexo ou partes interessadas geograficamente distribuídas. Além disso, papéis de outras partes do kit de ferramentas do DA, como arquitetos corporativos, gerentes de portfólio, engenheiros de reutilização, engenheiros de operações e outros, são considerados especialistas do ponto de vista do DAD.
- **Testador independente.** Embora a maioria dos testes, se não todos, deva ser realizada pela equipe, pode haver a necessidade de uma equipe de teste independente em escala. Cenários comuns que exigem testadores independentes incluem: conformidade regulatória, que demanda que alguns testes ocorram fora do time, e um grande programa (uma equipe de equipes) trabalhando em uma solução complexa que apresenta desafios de integração significativos.

- **Especialista de domínio.** Um especialista de domínio, às vezes chamado de especialista no assunto (SME), trata-se de alguém com profundo conhecimento em um determinado domínio ou problema. Esse profissional geralmente trabalha com a equipe ou os donos do produto para compartilhar seus conhecimentos e experiências.
- **Especialista técnico.** Este é um profissional com profundo conhecimento técnico, que trabalha com a equipe por um período curto para ajudar a superar um desafio técnico específico. Por exemplo, um administrador de banco de dados (database administrator, DBA) pode trabalhar com a equipe para ajudá-la a instalar, configurar e aprender os fundamentos de um banco de dados.
- **Integrador.** Também chamado de integrador de sistemas, é um profissional que geralmente ajuda testadores independentes que precisam realizar testes de integração de sistemas (system integration testing, SIT) de uma solução complexa ou conjunto de soluções.

Todos em equipes ágeis têm direitos e responsabilidades. Todos. Por exemplo, todos têm o direito de ser respeitados, mas também têm a responsabilidade de respeitar os outros. Além disso, cada papel em uma equipe ágil tem responsabilidades adicionais específicas que devem ser cumpridas. Direitos e responsabilidades também são abordados em detalhes no Capítulo 4.

Um híbrido de ótimas ideias

Gostamos de dizer que o DAD faz a parte pesada do trabalho para liberar você dessa tarefa. O que queremos dizer com isso é que exploramos os vários métodos, frameworks e outras fontes para identificar práticas e estratégias potenciais que sua equipe pode querer experimentar e adotar. Colocamos essas técnicas em contexto, explorando conceitos fundamentais, como quais são as vantagens e desvantagens da técnica, quando você aplicaria técnica, quando você não aplicaria a técnica, e em que medida você a aplicaria. As respostas a essas questões são essenciais quando uma equipe está escolhendo seu WoW.

A Figura 3.2 indica algumas das metodologias e frameworks que coletamos para serem usadas como técnicas. Por exemplo, o XP é a fonte de práticas técnicas como desenvolvimento orientado a testes (test-driven development, TDD), refatoração e programação em pares, para citar algumas. Scrum é a fonte de estratégias como backlogs de produtos, planejamento de sprint/iteração, reuniões diárias de coordenação e mais. A Modelagem Ágil oferece a possibilidade de discutir diversos modelos, visão inicial de arquitetura, documentação contínua e participação ativa das partes interessadas. Quando esses métodos entram em detalhes sobre essas técnicas individuais, o foco do DAD e do DA, em geral, é colocá-los em contexto e ajudar você a escolher a estratégia certa no momento certo.

Disciplined Agile® (DA™)

Figura 3.2 O DAD é um híbrido agnóstico de ótimas ideias.

Ter opções é bom: metas de processo.

O DAD inclui uma conjunto de 24 metas de processo, ou resultados de processo, se você preferir, como mostra a Figura 3.3. Cada meta é descrita como um conjunto de pontos de decisão, questões que sua equipe precisa para determinar se devem resolvê-las e, em caso afirmativo, como fará isso. As potenciais práticas/estratégias para abordar um ponto de decisão, que podem ser combinadas em muitos casos, são apresentadas na forma de listas. Os diagramas de metas (um exemplo é mostrado na Figura 3.4) são conceitualmente semelhantes aos mapas mentais, embora com a extensão da seta representando a eficácia relativa das opções em alguns casos. Os diagramas de metas são, na verdade, guias para ajudar uma equipe a escolher as melhores estratégias que consegue executar agora, dadas as suas habilidades, cultura e situação. O Capítulo 5 explora a abordagem orientada a metas do DAD e o Disciplined Agile Browser [DABrowser] fornece detalhes de suporte.

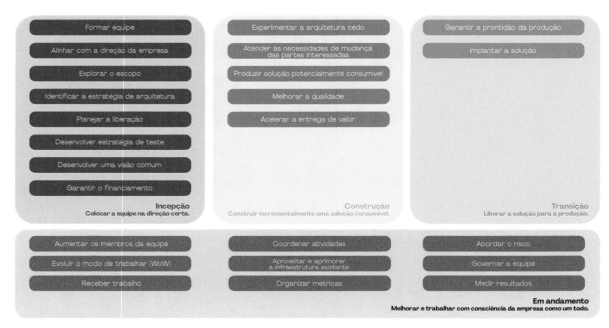

Figura 3.3 As metas de processo do DAD.

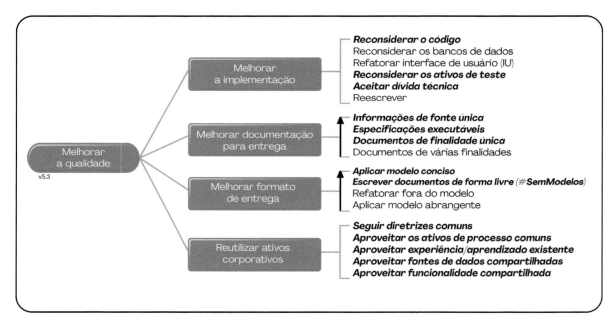

Figura 3.4 Diagrama da meta do processo Melhorar a qualidade.

Ter opções é bom: suporte para vários ciclos de vida

Os ciclos de vida ordenam as atividades que uma equipe realiza para construir uma solução. De fato, eles organizam as técnicas que aplicamos para realizar o trabalho. Como as equipes de entrega de soluções se encontram em uma variedade de situações diferentes, elas precisam ser capazes de escolher um ciclo de vida que melhor se adapte ao contexto que enfrentam. Você pode ver na Figura 3.5 que o DAD é compatível com seis ciclos de vida:

1. **Ágil.** Este é um ciclo de vida baseado em Scrum para projetos de entrega de soluções.
2. **Lean.** Este é um ciclo de vida baseado em Kanban para projetos de entrega de soluções.
3. **Entrega contínua: ágil.** Este é um ciclo de vida baseado em Scrum para equipes que trabalham juntas há bastante tempo.
4. **Entrega contínua: Lean.** Este é um ciclo de vida baseado em Kanban para equipes que trabalham juntas há bastante tempo.
5. **Exploratório.** Este é um ciclo de vida baseado em Lean Startup para executar experimentos com clientes em potencial com o objetivo de descobrir o que eles realmente desejam. Este ciclo de vida suporta uma abordagem de design thinking, conforme descrito no Capítulo 2.
6. **Programa.** Este é um ciclo de vida para uma equipe de equipes, ágeis ou lean.

O Capítulo 6 descreve os seis ciclos de vida do DAD em detalhes, bem como o ciclo de vida tradicional, e fornece orientações sobre quando escolher cada um.

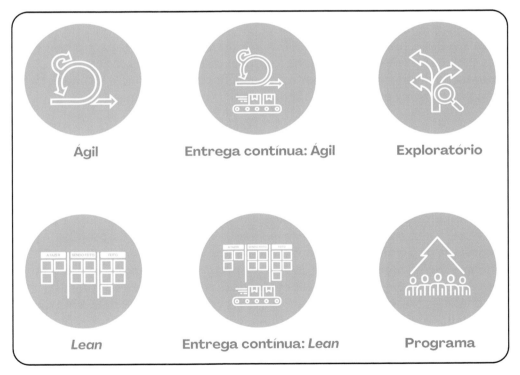

Figura 3.5 O DAD oferece seis ciclos de vida.

Soluções consumíveis prevalecem sobre software funcionando

O Manifesto Ágil sugere a medição do progresso com base em "software funcionando". Mas e se o cliente não quiser usá-lo? E se eles não gostarem de usá-lo? Do ponto de vista do design thinking, fica claro que "funcionando" não é suficiente. Em vez disso, precisamos entregar algo que seja consumível:

- **Funciona.** O que produzimos deve ser funcional e fornecer os resultados que nossas partes interessadas esperam.
- **É utilizável.** Nossa solução deve funcionar bem, com uma experiência do usuário (UX) bem projetada.
- **É desejável.** As pessoas devem querer trabalhar com nossa solução e, melhor ainda, sentir a necessidade de trabalhar com ela e, se for o caso, nos pagar por isso. Como o primeiro princípio do Disciplined Agile recomenda, nossa solução deve encantar nossos clientes, não apenas satisfazê-los.

Além disso, o que produzimos não é apenas software, mas sim uma solução completa que pode incluir melhorias em:

- **Software.** O software é uma parte importante, mas é apenas uma parte da nossa solução geral.
- **Hardware.** Nossas soluções são executadas em hardware e, às vezes, precisamos evoluir ou melhorar esse hardware.
- **Processos de negócios.** Muitas vezes melhoramos os processos de negócios em torno do uso do sistema que produzimos.
- **Estrutura organizacional.** Às vezes, a estrutura organizacional dos usuários finais de nossos sistemas evolui para refletir mudanças na funcionalidade suportada por ele.
- **Documentação de apoio.** A documentação para entrega, como visões técnicas e manuais do usuário, geralmente é um aspecto fundamental de nossas soluções.

Terminologia do DAD

A Tabela 3.1 faz o mapeamento dos termos de DAD comuns com termos equivalentes de outras abordagens. Há várias observações importantes que gostaríamos de fazer sobre a terminologia:

1. **Não há terminologia ágil padrão.** Não existe um padrão ISO da indústria para o ágil e, mesmo que houvesse, muito provavelmente seria ignorado pelos profissionais do ágil.
2. **A terminologia de Scrum é questionável na melhor das hipóteses.** Quando o Scrum foi inicialmente desenvolvido na década de 1990, seus criadores decidiram de propósito escolher uma terminologia incomum, algumas adotadas do jogo de rúgbi, para indicar às pessoas que era algo diferente. Não há problema com isso, mas considerando que o DA é um híbrido, não podemos limitá-lo a aplicar termos arbitrários.
3. **Os termos são importantes.** Acreditamos que os termos devem ser claros. Você precisa explicar o que é uma reunião de Scrum e que é diferente de uma reunião de status e, ao mesmo tempo, deixar bastante claro o que é uma reunião de coordenação. Ninguém faz um sprint em uma maratona.

4. **Escolha os termos que desejar.** Dito isso, o DAD não prescreve terminologia, então, se você quiser usar termos como sprint, reunião de Scrum ou Scrum master, vá em frente.
5. **Alguns mapeamentos são sensíveis.** Uma coisa importante a salientar é que o mapeamento dos termos não é perfeito. Por exemplo, sabemos que existem diferenças entre coaches, Scrum masters e gerentes de projeto, mas essas diferenças não são pertinentes para esta discussão.

Tabela 3.1: Mapeamento de alguns termos que variam na comunidade ágil

DAD	Scrum	Spotify	XP	SAFe®	Tradicional
Dono da arquitetura	-	-	Coach	Arquiteto de soluções	Arquiteto de soluções
Reunião de coordenação	Reunião diária em pé	Huddle	-	Reunião diária em pé	Reunião de status
Especialista de domínio	-	Cliente	Cliente	Dono do produto	Especialista no assunto (SME)
Iteração	Sprint	Sprint	Iteração	Iteração	Janela de tempo
Dono do produto	Dono do produto	Dono do produto	Representante do cliente	Dono do produto	Comitê de controle de mudanças (CCB).
Parte interessada	-	Cliente	Cliente	Cliente	Parte interessada
Equipe	Equipe	Squad, tribo	Equipe	Equipe	Equipe
Líder da equipe	Scrum master	Coach ágil	Coach	Scrum master	Gerente de projeto

Contexto conta: O DAD fornece os fundamentos para escalar o ágil taticamente

O Disciplined Agile (DA) distingue entre dois tipos de "agilidade em escala":

1. **Agilidade tática em escala.** Esta é a aplicação de estratégias ágeis e lean em equipes individuais de DAD. A meta é aplicar o ágil profundamente para lidar com todas as complexidades, o que chamamos, apropriadamente, de fatores de escala.
2. **Agilidade estratégica em escala.** Esta é a aplicação de estratégias ágeis e lean amplamente em toda a sua organização. Inclui todas as divisões e equipes de sua organização, não apenas suas equipes de desenvolvimento de software.

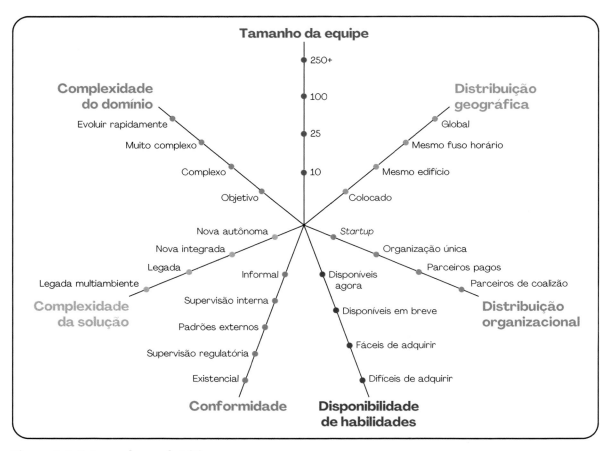

Figura 3.6 Fatores de escala tática.

Vamos examinar o que significa escalar taticamente a entrega de soluções ágeis. Quando muitas pessoas ouvem "escalar", geralmente pensam em grandes equipes que podem estar geograficamente distribuídas de alguma forma. Isso acontece de forma clara, e as pessoas estão claramente conseguindo aplicar o ágil nesse tipo de situação, mas geralmente há mais para escalar do que isso. As organizações também estão aplicando o ágil em situações de conformidade, seja a conformidade regulatória que lhes é imposta, como a Lei de Portabilidade e Responsabilidade de Seguros de Saúde (Health Insurance Portability and Accountability Act, HIPAA); a Lei de Proteção de Informações Pessoais e Documentos Eletrônicos (Personal Information Protection and Electronic Documents Act, PIPEDA); ou a Lei Geral de Proteção de Dados (LGPD); ou conformidade escolhida, como Modelo de Capacidade e Maturidade Integrado (Capability Maturity Model Integration, CMMI) [CMMI]; Organização Internacional de Padronização (International Organization for Standardization, ISO); e a Biblioteca de Infraestrutura de Tecnologia da Informação (Information Technology Infrastructure Library, ITIL). Elas também estão aplicando o ágil a uma variedade de domínios e complexidades técnicas, mesmo quando várias organizações estão envolvidas (como na terceirização). A Figura 3.6 resume os possíveis fatores de escala tática que você precisa considerar ao fazer o tailoring da estratégia ágil. Esses fatores de escala são um subconjunto dos fatores descritos no Framework de Contexto da Situação (Situation Context Framework, SCF), no Capítulo 2 [SCF]. Quanto mais longe você estiver em cada escala, maior o risco que enfrentará.

O DAD fornece uma base sólida para escalar taticamente o ágil de várias maneiras:

- O DAD promove um ciclo de vida de valor de risco em que as equipes atacam em primeiro lugar o trabalho mais arriscado para ajudar a eliminar alguns ou todos os riscos, aumentando, assim, a chance de sucesso. Algumas pessoas gostam de se referir a isso como um aspecto de "falhando rápido", embora gostemos de colocar em termos de aprendizado rápido ou, melhor ainda, sucesso precoce.
- O DAD promove a auto-organização aprimorada com governança eficaz com base na observação de que as equipes ágeis trabalham dentro do escopo e das restrições de um grande ecossistema organizacional. Como resultado, o DAD recomenda que você adote uma estratégia de governança eficaz que oriente e capacite equipes ágeis.
- O DAD promove a entrega de soluções consumíveis em vez de apenas a construção de um software que funciona.
- O DAD promove a noção de que a consciência corporativa como um todo deve prevalecer sobre a consciência de equipe (este é um princípio fundamental do DA, conforme discutido no Capítulo 2). O que queremos dizer com isso é que a equipe deve fazer o que é certo para a organização — trabalhar com uma visão comum, alavancar sistemas legados e fontes de dados existentes, seguindo diretrizes em comum — e não apenas fazer o que for conveniente ou divertido para seus membros.
- O DAD é sensível ao contexto e orientado à metas, não é prescritivo (outro princípio do DA é que ter opções é bom). Uma abordagem de processo não serve para todas as situações, e as equipes de DAD têm autonomia para escolher e desenvolver seu WoW.

É fácil começar a usar o DAD

Gostaríamos de compartilhar várias estratégias que vimos aplicadas para que pessoas, equipes e organizações comecem a usar o DAD:

1. **Leia este livro.** Uma boa maneira de começar é ler este livro.
2. **Faça um treinamento.** Mesmo depois de ler este livro, é provável que você se beneficie do treinamento, pois ele ajudará a aprimorar seu conhecimento. Em algum momento, esperamos que você decida tentar obter uma certificação Disciplined Agile.
3. **Comece com um método/framework prescrito e, em seguida, trabalhe para sair da "prisão metodológica".** As equipes podem optar por começar com um método existente, como Scrum ou SAFe, e então aplicar as estratégias descritas neste livro para evoluir seu WoW a partir daí.
4. **Comece a usar o DAD.** Acreditamos que seja mais fácil começar com o DAD e, assim, evitar as limitações dos métodos prescritivos.
5. **Trabalhe com um experiente coach ágil.** É altamente recomendável que você traga um Disciplined Agile Coach (DAC)™ para ajudar a aplicar o kit de ferramentas de DA.

A adoção organizacional do Disciplined Agile levará tempo, possivelmente anos, quando você decidir apoiar os WoWs ágeis em todos os aspectos de sua organização. Transformações ágeis como essa, que evoluem para esforços de melhoria contínua no nível organizacional, são os tópicos dos Capítulos 7 e 8 do nosso livro, *An Executive's Guide to Disciplined Agile* [AmblerLines2017].

Em suma

O Disciplined Agile Delivery (DAD) fornece uma abordagem pragmática para lidar com as situações únicas em que as equipes de entrega de soluções se encontram. O DAD aborda explicitamente os problemas enfrentados pelas equipes ágeis corporativas que muitas metodologias ágeis preferem encobrir. Isso inclui como iniciar equipes ágeis com sucesso de maneira simplificada, como a arquitetura se encaixa no ciclo de vida ágil, como lidar com a documentação de forma eficaz, como lidar com problemas de qualidade em um ambiente corporativo, como as técnicas de análise ágil são aplicadas para lidar com a infinidade de preocupações das partes interessadas, como governar equipes ágeis e lean e muitas outras questões essenciais.

Neste capítulo, você aprendeu que:

- O DAD é a parte da entrega do Disciplined Agile (DA).
- Se você estiver usando Scrum, XP ou Kanban, já está usando variações de um subconjunto de DAD.
- Você pode começar com o seu WoW atual e depois aplicar o DAD para melhorá-lo gradualmente. Você não precisa fazer uma mudança arriscada estilo "big bang".
- O DAD oferece seis opções de ciclos de vida: não prescreve uma abordagem única, mas sim opções sólidas para fundamentar seu WoW.
- O DAD lida com as principais preocupações da empresa e mostra como fazê-lo de maneira sensível ao contexto.
- O DAD faz a parte pesada do processo para liberar você dessa tarefa.
- O DAD mostra como o desenvolvimento ágil funciona do começo ao fim.
- O DAD fornece fundamentos flexíveis para escalar taticamente os métodos convencionais.
- É fácil começar a usar o DAD, e existem vários caminhos para isso.

Capítulo 4

Papéis, direitos e responsabilidades

Sozinhos, pouco podemos fazer; juntos, podemos fazer muito. — Helen Keller

---

Pontos-chave deste capítulo

- O DAD indica cinco papéis principais: líder da equipe, dono do produto, membro da equipe, dono da arquitetura e parte interessada.
- O dono da arquitetura é o líder técnico da equipe e representa os interesses de arquitetura da organização.
- O papel de parte interessada do DAD reconhece que precisamos encantar todas as partes interessadas, não apenas nossos clientes.
- Em muitas situações, as equipes contarão com pessoas em papéis de apoio — especialistas, especialistas de domínio, especialistas técnicos, testadores independentes ou integradores — conforme apropriado e necessário.
- Os papéis de DAD devem ser considerados, como tudo, um ponto de partida sugerido. Você pode ter motivos válidos para fazer o tailoring dos papéis na sua organização.

Este capítulo explora os direitos e as responsabilidades potenciais das pessoas envolvidas com equipes de Disciplined Agile Delivery (DAD) e os papéis que elas podem optar assumir [DADRoles]. Falamos "potenciais", pois você pode perceber que precisa ajustar essas ideias ao ambiente cultural de sua organização. No entanto, segundo nossa experiência, quanto mais você se desviar das orientações que fornecemos abaixo, maior o risco que assumirá. Como sempre, faça o melhor que puder na situação que enfrenta e se esforce para melhorar com o tempo. Vamos começar com os direitos e as responsabilidades gerais.

Direitos e responsabilidades

Tornar-se ágil requer uma mudança de cultura na sua organização, e todas as culturas possuem regras, algumas explícitas e outras implícitas, para que todos entendam o comportamento esperado de cada um. Uma forma de definir o comportamento esperado é negociar os direitos e as responsabilidades que as pessoas têm. Curiosamente, muitas ideias de ótima qualidade sobre este tópico foram concebidas no método de Extreme Programming (XP), ideias que desenvolvemos para o Disciplined Agile (DA) [RightsResponsibilities]. As seguintes listas de direitos e responsabilidades potenciais servem como possível ponto de partida para sua equipe.

Como membros de equipes ágeis, temos o direito de:

- Ser tratado com respeito.
- Trabalhar em um "ambiente seguro".
- Produzir e receber trabalho de qualidade com base em padrões acordados.
- Escolher e evoluir o nosso modo de trabalhar (WoW).
- Auto-organizar-se e planejar nosso trabalho, assumindo tarefas nas quais trabalharemos.
- Dominar o processo de estimativa: as pessoas que resolvem o trabalho são as que estimam o trabalho.
- Determinar como a equipe trabalhará em conjunto — as pessoas que resolvem o trabalho são as que planejam o trabalho.
- Receber informações e decisões de boa fé em tempo hábil.

Adaptando a frase do Uncle Ben Parker, com grandes direitos vêm grandes responsabilidades. Os membros da equipe ágil têm a responsabilidade de:

- Otimizar nosso WoW.
- Estar dispostos a colaborar extensivamente na nossa equipe.
- Compartilhar todas as informações, incluindo "trabalho em processo".
- Fazer o coaching de outras pessoas com nossas habilidades e experiência.
- Expandir nossos conhecimentos e habilidades fora de nossa especialidade.
- Validar nosso trabalho o mais cedo possível, trabalhando com outras pessoas para fazê-lo.
- Participar de reuniões de coordenação pessoalmente ou por outros meios, se não estiverem em locais diferentes.
- Procurar proativamente maneiras de melhorar a performance da equipe.
- Para equipes que seguem um ciclo de vida ágil (consulte o Capítulo 6), evitar aceitar trabalho fora da iteração atual sem o consentimento da equipe.
- Tornar todo o trabalho visível o tempo todo, geralmente por meio de um quadro de tarefas, para que o trabalho e a capacidade da equipe atual sejam transparentes.

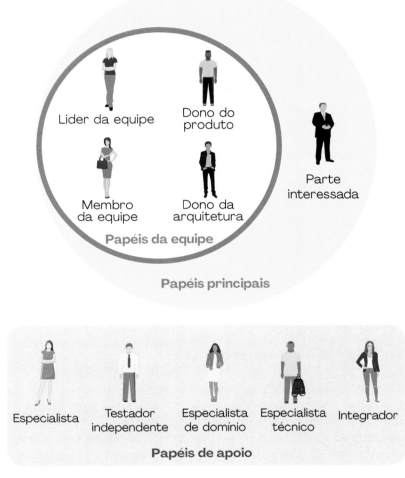

Figura 4.1   Potenciais papéis do DAD.

Potenciais papéis

O DAD fornece um conjunto de cinco papéis principais "prontos para uso", três dos quais são semelhantes aos do Scrum. Como mostra a Figura 4.1, o DAD tem um líder da equipe (como um Scrum master sênior ou gerente de projeto), dono do produto e membro da equipe. O DAD adiciona uma parte interessada (uma extensão do cliente) e um papel que vimos ser extremamente valioso nas configurações empresariais: o de dono da arquitetura. Idealmente, temos uma "equipe completa", com todas as habilidades da equipe necessárias para realizar o trabalho. No entanto, embora não seja o ideal, em situações não triviais é comum exigir habilidades de fora da equipe e, como tal, o DAD inclui um conjunto de papéis de apoio que podem integrar a equipe conforme a necessidade.

Para começar, vamos explorar os papéis principais.

Parte interessada

Uma parte interessada é um elemento impactado de forma significativa pelo resultado da solução. Nesse sentido, a parte interessada é claramente mais do que um usuário final ou cliente. Uma parte interessada pode ser:

- Usuário direto
- Usuário indireto
- Gerente de usuários
- Líder sênior
- Membro da equipe de operações
- O "dono de ouro", que financia a equipe
- Membro da equipe de suporte (help desk)
- Auditor
- Gerente de programa/portfólio
- Desenvolvedor trabalhando em outras soluções que se integram ou interagem com as nossas
- Profissional de manutenção potencialmente envolvido pelo desenvolvimento e/ou implantação de uma solução baseada em software ou
- Muitos outros papéis.

Dono do produto

O dono do produto (PO) é a pessoa da equipe que fala como "a voz da parte interessada" [ScrumGuide]. Como mostra a Figura 4.2, eles representam as necessidades e os desejos da comunidade de partes interessadas para a equipe de entrega ágil. Como tal, o dono do produto esclarece todos os detalhes sobre os desejos ou requisitos das partes interessadas para a solução, e também é responsável por priorizar o trabalho que a equipe realiza para entregar a solução. Embora o dono do produto possa não ser capaz de responder a todas as perguntas, é sua responsabilidade rastrear a resposta em tempo hábil para que a equipe possa manter o foco em suas tarefas.

Cada equipe de DAD, ou subequipe no caso de grandes programas organizados como uma equipe de equipes, possui um único dono do produto. Um objetivo secundário para um dono do produto é representar o trabalho da equipe ágil para a comunidade de partes interessadas. Isso inclui organizar demonstrações da solução à medida que ela evolui e comunicar o status da equipe às principais partes interessadas.

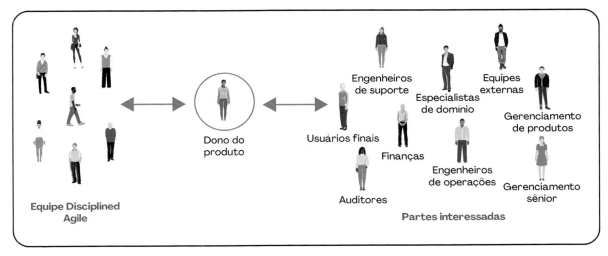

Figura 4.2 O dono do produto como caminho entre a equipe e as partes interessadas.

Como representante das partes interessadas (proxy), o dono do produto:

- É a referência para informações de domínio.
- Fornece informações e toma decisões em tempo hábil.
- Prioriza todo o trabalho para a equipe, incluindo, entre outros, requisitos (que podem ser capturados como histórias de usuários), defeitos a serem corrigidos, débitos técnicos a serem resolvidos e muito mais (o dono do produto leva em consideração as necessidades das partes interessadas e da equipe ao fazê-lo).
- Reprioriza e ajusta continuamente o escopo com base na evolução das necessidades das partes interessadas.
- É um participante ativo na modelagem e testes de aceitação.
- Ajuda a equipe a obter acesso a partes interessadas especializadas.
- Avalia o trabalho da equipe como feito ou não feito.
- Facilita sessões de modelagem de requisitos, incluindo visão de requisitos e modelagem de médio-prazo (look-ahead).
- Orienta a equipe no domínio do negócio.
- É o caminho para o financiamento.

Ao representar a equipe ágil para a comunidade de partes interessadas, o dono do produto:

- É a face pública da equipe para as partes interessadas.
- Demonstra a solução para as principais partes interessadas, podendo incluir coaching aos membros da equipe para executar a demonstração.
- Anuncia releases.
- Monitora e comunica o status da equipe às partes interessadas, o que pode incluir orientação das partes interessadas sobre como acessar e entender o dashboard da equipe.
- Organiza revisões de marcos, que devem ser mantidos o mais simples possível (discutido nas metas do processo **Governar a equipe**);
- Orienta as partes interessadas quanto ao modo de trabalhar (WoW) da equipe de entrega.
- Negocia prioridades, escopo, financiamento e cronogramas.

É importante observar que o dono do produto tende a ser um trabalho em tempo integral e pode até exigir ajuda em escala em domínios complexos. Um desafio comum que vemos em organizações iniciantes em ágil é que elas tentam preencher esse papel com alguém em meio período, basicamente colocando a função de dono do produto em uma pessoa que já tem muitas tarefas.

Membro da equipe

Os membros da equipe concentram-se em produzir a solução para as partes interessadas. Os membros da equipe realizarão testes, análises, arquitetura, design, programação, planejamento, estimativa e muitas outras atividades, conforme apropriado. Observe que nem todos os membros da equipe terão todas essas habilidades, pelo menos não ainda, mas eles terão um subconjunto delas e se esforçarão para ganhar mais habilidades ao longo do tempo. Idealmente, os membros da equipe são especialistas generalistas, alguém com uma ou mais especialidades (como análise, programação, testes, etc.), um conhecimento geral do processo de entrega, pelo menos um conhecimento geral do domínio em que estão trabalhando, e a vontade de adquirir novas habilidades e conhecimentos de outros [GenSpec]. A Figura 4.3 compara quatro categorias de níveis de habilidade: especialistas que se concentram em uma única especialidade; generalistas com amplo conhecimento que geralmente são bons em organizar e coordenar outros, mas que não possuem as habilidades detalhadas necessárias para realizar o trabalho; especialistas com profundo conhecimento e habilidades em muitas especialidades; e especialistas generalistas que são um meio termo entre generalistas e especialistas.

Na prática, exigir que as pessoas sejam especialistas generalistas pode ser assustador no início, principalmente para pessoas iniciantes em ágil, porque isso é muito diferente da abordagem tradicional de ter generalistas gerenciando equipes de especialistas. A abordagem tradicional é problemática devido à sobrecarga necessária para fazê-la funcionar: os especialistas fazem seu trabalho, produzindo algo para o próximo grupo de especialistas que vier em seguida. Para levar o trabalho adiante, eles precisam escrever e manter a documentação, muitas vezes contendo novas

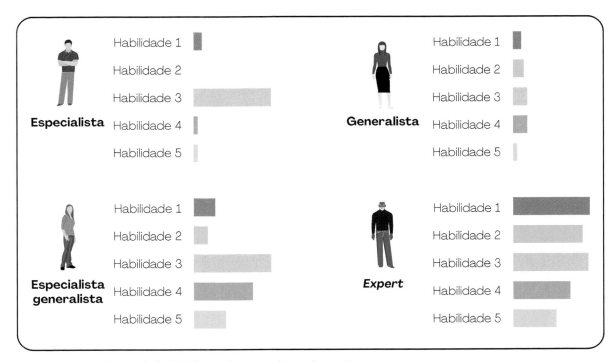

Figura 4.3 Os níveis de habilidade dos membros da equipe.

versões de informações que já foram documentadas no processo. Resumindo, os especialistas injetam muito desperdício no processo com a criação de artefatos provisórios, revisões desses artefatos e tempo de espera para fazer as revisões. Os especialistas generalistas, por outro lado, têm uma gama mais ampla de habilidades que lhes permite colaborar de forma mais eficaz com os outros, habilitando-os para uma gama mais ampla de trabalho e, assim, evitar a criação de artefatos temporários. Eles trabalham de forma mais inteligente, não mais difícil.

O desafio é que, se você é iniciante em ágil, provavelmente terá membros que são generalistas ou especialistas, mas muito poucos especialistas generalistas. Isso significa que, se você tem pessoas especialistas ou generalistas, vai formar suas equipes com essas pessoas. Como você quer melhorar a produtividade de sua equipe, você ajuda os membros de sua equipe a se tornarem especialistas generalistas por meio de técnicas de trabalho não-solo, como programação em pares, programação Mob e modelagem com outras pessoas (abordadas na meta do processo **Aumentar os membros da equipe**). Ao fazer isso, ao longo de vários meses, os especialistas adquirirão uma gama mais ampla de habilidades e, como resultado, se tornarão especialistas generalistas mais eficazes.

Além dos direitos e responsabilidades descritos anteriormente, os membros da equipe têm várias outras responsabilidades. São elas:

- **Auto-organização.** Os membros da equipe identificarão tarefas, estimarão tarefas, assumirão tarefas, executarão tarefas e acompanharão seu status até a conclusão.
- **Recorrer ao dono do produto (PO) para obter informações e decisões de domínio.** Embora os membros da equipe forneçam informações ao dono do produto, no final, o dono do produto é responsável por fornecer os requisitos e priorizar o trabalho, não os membros da equipe. Respeitar isso requer uma disciplina significativa por parte dos membros da equipe, evitando adicionar novos recursos (conhecidos como "distorção de escopo" ou "scope creep") ou tentar adivinhar todos os detalhes.
- **Trabalhar com o dono da arquitetura (AO) para evoluir a arquitetura.** O dono da arquitetura é responsável por orientar a equipe ao longo do trabalho de arquitetura e design. Os membros da equipe trabalharão em estreita colaboração com o dono da arquitetura para identificar e desenvolver a estratégia de arquitetura. Quando a equipe não consegue chegar a um acordo sobre a direção a seguir, o dono da arquitetura pode precisar "bater o martelo" e escolher o que considera ser a melhor opção, e os membros da equipe devem apoiar. Mais sobre isso abaixo.
- **Siga as convenções organizacionais, alavancando e aprimorando a infraestrutura existente.** Um dos princípios do DA (consulte o Capítulo 2) é ter consciência corporativa como um todo. Uma implicação disso é que os membros da equipe de DAD adotarão e terão a disciplina para ajustar, quando apropriado, qualquer padrão de codificação empresarial/ corporativo, convenções de design de interface de usuário, diretrizes de banco de dados e assim por diante. Eles também devem tentar reutilizar e aprimorar ativos reutilizáveis existentes, como serviços da Web em comum, frameworks e, sim, até mesmo fontes de dados legadas. O DAD inclui a meta do processo **Alavancar e aprimorar a infraestrutura existente** para abordar especificamente essa estratégia.
- **Liderar reuniões.** Embora outros métodos do ágil atribuam essa responsabilidade ao líder da equipe, o fato é que qualquer pessoa da equipe pode liderar ou facilitar as reuniões. O líder da equipe é responsável apenas por garantir que isso aconteça.

Por que não chamar um líder de equipe de Scrum master?

Como o DA é compatível com várias abordagens de ciclo de vida, nem todas as equipes da sua organização provavelmente usarão o Scrum. Uma equipe ágil pode ser liderada por um Scrum master sênior; uma equipe de projeto, por um gerente de projeto; uma equipe de software lean, por um líder técnico; uma equipe de vendas, por um gerente de vendas; e assim por diante. Diferentes tipos de equipes terão diferentes tipos de líderes de equipe.

Líder da equipe

Um aspecto importante das equipes auto-organizáveis é que os líderes de equipe facilitam ou orientam a equipe na execução de atividades de gerenciamento técnico, em vez de assumir essas responsabilidades. O líder da equipe é um líder servidor da equipe, ou, melhor ainda, um líder anfitrião [Host], que cria e mantém as condições que permitem que a equipe tenha sucesso. Esse pode ser um papel difícil de preencher — a atitude é a chave para o sucesso deles. O líder da equipe geralmente é um papel, não um título. Dependendo do tipo de equipe, um líder de equipe pode ter o título de Scrum master sênior para uma equipe de produto ágil, Scrum master para uma equipe de Scrum simples, gerente de projeto para uma equipe de projeto ágil, diretor de marketing para uma equipe de marketing, arquiteto líder para uma equipe de arquitetura corporativa e assim por diante. Diferentes tipos de equipes terão diferentes tipos de líderes de equipe e, muito provavelmente, diferentes cargos.

Em equipes de alta performance, o papel de líder da equipe geralmente gira dentro da equipe se os membros se sentirem à vontade para fazer isso. Nessas equipes, a liderança é compartilhada, o que distribui o peso (e a monotonia) do papel de "mestre de cerimônia" entre várias pessoas.

O líder da equipe também é um coach ágil, ou talvez seja mais correto chamar de "coach ágil júnior", já que um Disciplined Agile Coach (DAC)™ normalmente trabalha com várias equipes, muitas vezes díspares, enquanto um líder de equipe se concentra em fazer o coaching da sua equipe. Como coach, o líder da equipe ajuda a manter a equipe focada na entrega dos itens de trabalho,cumprindo as metas de iteração e dos compromissos assumidos com o dono do produto. Eles atuam como um verdadeiro líder, facilitando a comunicação, empoderando-os a escolher o seu modo de trabalhar (WoW), garantindo que a equipe tenha os recursos necessários e removendo quaisquer impedimentos à equipe (resolução de questões) em tempo hábil. Quando as equipes são auto-organizadas, a liderança eficaz é crucial para o seu sucesso.

Observe como dissemos que o líder da equipe faz o coaching do WoW da equipe, e não determina nem prescreve. No DA, toda a equipe é responsável por seu WoW, não apenas a liderança da equipe ou, pior ainda, alguém de fora da equipe.

As responsabilidades de liderança de um líder de equipe podem ser resumidas da seguinte maneira:

- Orienta a equipe na escolha e evolução de seu WoW.
- Facilita a colaboração estreita em todas as funções e papéis.
- Garante que a equipe seja totalmente funcional e produtiva.
- Mantém a equipe focada no contexto de sua visão e metas.
- É responsável pela remoção de impedimentos baseados em equipe e impedimentos em escala de toda a organização, colaborando com a liderança organizacional para fazê-lo.
- Protege a equipe contra interrupções e interferências externas.
- Mantém uma comunicação aberta e honesta entre todos os envolvidos.
- Faz o coaching de outros no uso e na aplicação de práticas ágeis.
- Incentiva a equipe a discutir e refletir sobre as questões quando são identificadas.
- Facilita a tomada de decisões, mas não toma decisões nem exige atividades internas da equipe.
- Garante que a equipe mantenha o foco na produção de uma potencial solução consumível.

Quando um líder de equipe está liderando uma equipe de projeto ou equipe funcional (como uma equipe de marketing), o líder da equipe pode ser solicitado a assumir as responsabilidades de gerenciamento que as frameworks ágeis geralmente minimizam. As responsabilidades extras que um líder da equipe pode ter que cumprir e os desafios associados incluem:

- **Avaliação dos membros da equipe.** Existem várias estratégias para avaliar ou fornecer feedback às pessoas, descritas pela meta do processo **Aumentar os membros da equipe**, que você pode aplicar. Fazer isso geralmente é responsabilidade de um gerente de recursos, mas às vezes as pessoas nesses papéis não estão disponíveis. Quando um líder de equipe é responsável por avaliar seus colegas de equipe, isso os coloca em uma posição de autoridade sobre as pessoas que devem liderar e colaborar. Isso, por sua vez, pode alterar significativamente a dinâmica do relacionamento que os membros da equipe têm com o líder da equipe, reduzindo sua segurança psicológica, porque eles não sabem como isso afetará sua avaliação.
- **Gerenciamento do orçamento da equipe.** Embora o dono do produto seja normalmente o caminho para o financiamento, alguém pode ser solicitado a acompanhar e relatar como os fundos são gastos. Se o dono do produto não fizer isso, o líder da equipe normalmente se tornará responsável por fazê-lo.
- **Relatórios de gerenciamento.** Isso garante que alguém da equipe (talvez a própria equipe) acompanhe as métricas relevantes da equipe e relate o progresso da equipe para a liderança organizacional. Esperamos que esse tipo de relatório seja automatizado por meio da tecnologia de dashboard, mas, caso contrário, o líder da equipe geralmente é responsável por gerar manualmente os relatórios necessários. As metas dos processos **Organizar métricas** e **Medir resultados** abordam as métricas em detalhes.

- **Obtém recursos.** O líder da equipe geralmente é responsável por garantir que as ferramentas colaborativas, como quadros de tarefas (task boards) para coordenação de equipe e quadros brancos para modelagem, estejam disponíveis para a equipe.
- **Facilitação de reuniões.** Isso garante que alguém da equipe (às vezes a própria equipe) facilite as várias reuniões (reuniões de coordenação, reuniões de planejamento de iteração, demonstrações, sessões de modelagem e retrospectivas).

O papel de líder da equipe geralmente é um esforço de meio período, principalmente em equipes menores. A implicação é que um líder de equipe precisa ter as habilidades para também ser um membro da equipe ou talvez, em alguns casos, um dono da arquitetura (mais sobre isso abaixo). No entanto, em uma equipe iniciante em ágil, os aspectos de coaching ao ser um líder de equipe são essenciais para o seu sucesso na adoção do ágil. Isso é algo que as organizações iniciantes em ágil podem enfrentar conceitualmente, porque nunca tiveram que fazer um investimento semelhante no crescimento de sua equipe.

Uma alternativa é ter alguém como líder de equipe em duas ou três equipes, embora isso exija que as equipes façam a escala de suas cerimônias, como reuniões de coordenação, demonstrações e retrospectivas, para que o líder da equipe possa estar envolvido. Isso pode funcionar com equipes experientes em técnicas e pensamento ágeis, porque não exigem tanto coaching. Além disso, à medida que as equipes se consolidam e se tornam adeptas da auto-organização, há menos necessidade de alguém estar no papel de líder da equipe, podendo ser suficiente que alguém se posicione periodicamente para lidar com as responsabilidades de liderança da equipe.

Dono da arquitetura

O dono da arquitetura (AO) é a pessoa que orienta a equipe nas decisões de arquitetura e design, facilitando a identificação e evolução do design da solução como um todo[AgileModeling]. Em equipes pequenas, a pessoa no papel de líder da equipe geralmente também estará na função de dono da arquitetura, supondo que tenha as habilidades para ambas as funções. Dito isso, nossa experiência indica que já é difícil encontrar um profissional qualificado para preencher um desses papéis, quanto mais os dois.

Embora o dono da arquitetura seja normalmente o desenvolvedor sênior da equipe — e às vezes pode ser conhecido como arquiteto técnico, arquiteto de software ou arquiteto de soluções —, deve-se observar que essa não é uma posição hierárquica na qual outros membros da equipe se subordinem. Espera-se que eles se prontifiquem e entreguem trabalhos relacionados a tarefas como qualquer outro membro da equipe. Os donos da arquitetura devem ter uma formação técnica e uma sólida compreensão do domínio do negócio.

As responsabilidades do dono da arquitetura incluem:

- Orientar a criação e evolução da arquitetura da solução em que a equipe está trabalhando (observe que o dono da arquitetura não é o único responsável pela arquitetura; em vez disso, ele lidera as discussões de arquitetura e design).
- Fazer a mentoria e o coaching de outros membros da equipe em práticas e questões de arquitetura.
- Compreender a direção e os padrões de arquitetura da sua organização, ajudando a garantir que a equipe os siga adequadamente.
- Trabalhar em estreita colaboração com arquitetos corporativos, se houver, ou eles podem até ser um arquiteto corporativo (observe que isso pode ser uma mudança interessante para organizações maiores, cujos arquitetos corporativos não estejam ativamente envolvidos com equipes. Isso é bastante comum em organizações menores).
- Trabalhar em estreita colaboração com o dono do produto para ajudá-lo(a) a entender as necessidades técnicas das partes interessadas, as implicações do débito técnico e a necessidade de reduzi-lo e, em alguns casos, entender e interagir com os membros da equipe de forma mais eficaz.
- Compreender os ativos corporativos existentes, como frameworks, padrões e subsistemas, garantindo que a equipe os use quando apropriado.
- Garantir que a solução será fácil de suportar, incentivando um bom design e a refatoração para minimizar o débito técnico (o foco da meta do processo **Melhorar a qualidade** do DAD).
- Garantir que a solução seja integrada e testada de maneira frequente, idealmente por meio de uma estratégia de integração contínua (CI).
- Ter a palavra final em relação às decisões técnicas, evitando ditar a direção da arquitetura em favor de uma abordagem colaborativa e baseada em equipe (o dono da arquitetura deve trabalhar em estreita colaboração com a equipe para identificar e determinar estratégias para mitigar os principais riscos técnicos, abordados pela meta de processo **Experimentar a arquitetura cedo** do DAD).
- Liderar o esforço inicial de visão de arquitetura no início de uma release e apoiar o esforço inicial de visão de requisitos (principalmente quando se trata de entender e evoluir os requisitos não funcionais para a solução).

Potenciais papéis de apoio

Gostaríamos de poder dizer que tudo o que você precisa são os cinco papéis principais, descritos acima, para ter sucesso. O fato é que os papéis principais não cobrem todo o contexto — é improvável que sua equipe tenha todo o conhecimento técnico de que precisa. O seu dono do produto não pode ter conhecimento especializado em todos os aspectos do domínio e, mesmo que sua organização tivesse especialistas em todos os aspectos da entrega da solução, não poderia fornecer a todas as equipes toda a gama de conhecimentos necessária. Sua equipe pode precisar adicionar alguns ou todos os seguintes papéis:

1. **Especialista de domínio (especialista no assunto - SME).** O dono do produto representa uma ampla gama de partes interessadas, não apenas os usuários finais, portanto, não é razoável esperar que eles sejam especialistas em todos os detalhesdo domínio, algo que é particularmente verdadeiro em domínios complexos. O dono do produto às vezes traz especialistas de domínio para trabalhar com a equipe (por exemplo, um especialista em impostos para explicar os detalhes de um requisito ou o executivo patrocinador para explicar a visão).

2. **Especialista.** Embora a maioria dos membros da equipe ágil seja especialista generalista, às vezes, especialmente em escala, especialistas são necessários. Por exemplo, em equipes grandes ou em domínios complexos, um ou mais analistas de negócios ágeis podem se juntar à equipe para ajudar a compreender os requisitos do produto sendo criado. Em equipes muito grandes, um gerente de programa pode ser necessário para coordenar os líderes de equipe em vários squads/subequipes. Você também verá especialistas em equipes quando os especialistas generalistas ainda não estiverem disponíveis — quando sua organização for iniciante em ágil, ela pode ter especialistas que ainda não fizeram a transição para especialistas generalistas.

3. **Especialista técnico.** Às vezes, a equipe precisa da ajuda de especialistas técnicos, como um build master para configurar seus scripts de builds, um administrador de banco de dados ágil para ajudar a projetar e testar seu banco de dados ou um especialista em segurança para fornecer orientação sobre como desenvolver uma solução segura. Os especialistas técnicos são contratados temporariamente, conforme necessário, para ajudar a equipe a superar um problema complexo e transferir suas habilidades para um ou mais desenvolvedores da equipe. Os especialistas técnicos geralmente trabalham em outras equipes responsáveis por preocupações técnicas de nível corporativo ou são simplesmente especialistas designados à sua equipe por outras equipes de entrega.

4. **Testador independente.** Embora a maioria dos testes seja feita pelas próprias pessoas da equipe de DAD, algumas equipes são apoiadas por uma equipe de teste independente trabalhando em paralelo, que validará seu trabalho ao longo do ciclo de vida. Essa equipe de teste independente geralmente é necessária para escalar situações em domínios complexos, usar tecnologia complexa ou resolver problemas de conformidade regulatória.
5. **Integrador.** Para grandes equipes de DAD organizadas em uma equipe de subequipes/squads, as subequipes são normalmente responsáveis por um ou mais subsistemas ou recursos. Geralmente, quanto maior a equipe, maior e mais complicada a solução que está sendo construída. Nessas situações, a equipe pode exigir uma ou mais pessoas no papel de integrador responsável pela construção de toda a solução a partir de seus diversos subsistemas. Em equipes menores ou em situações mais simples, o dono da arquitetura normalmente é responsável por garantir a integração, que é uma responsabilidade assumida pelo(s) integrador(es) em ambientes mais complexos. Os integradores geralmente trabalham em estreita colaboração com a equipe de teste independente, se houver, para realizar o teste de integração de sistemas frequentemente durante toda a release. O papel de integrador normalmente só é necessário em escala para soluções técnicas complexas.

Uma implicação interessante para as organizações iniciantes em ágil é que as equipes ágeis podem precisar de acesso a pessoas nesses papéis de apoio antecipadamente no ciclo de vida do que estão acostumadas com as equipes tradicionais. E o momento do acesso é muitas vezes um pouco menos previsível, devido à natureza evolutiva do ágil, do que com o desenvolvimento tradicional. Descobrimos que as pessoas nesses papéis de apoio precisarão ser flexíveis.

Os três papéis de liderança

Muitas vezes nos referimos ao líder da equipe, dono do produto e dono da arquitetura como o triunvirato da liderança da equipe. Como mostra a Figura 4.4, o dono do produto está focado em fazer com que o produto certo seja construído, o dono da arquitetura, em construir o produto de forma certa, e o líder da equipe, em construí-lo rapidamente. Todas essas três prioridades devem ser equilibradas por meio de uma estreita colaboração das pessoas nessas funções. A Figura 4.4 também indica o que acontece quando uma dessas prioridades é ignorada. Quando as equipes são iniciantes em ágil, o ponto central pode ser pequeno no início, mas com o tempo as pessoas nesses três papéis de liderança e, mais importante, toda a equipe, ajudarão a fazê-lo crescer.

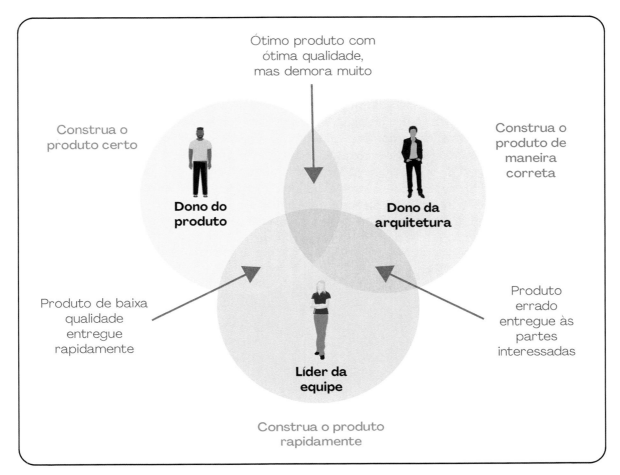

Figura 4.4 Pontos de vista dos três papéis de liderança.

Precisamos mesmo dos papéis do Scrum?

Na década de 1990, quando o Scrum foi criado, era um mundo diferente. Estávamos acostumados a trabalhar em silos especializados, construindo software a partir de documentos, e não sabíamos na época como e nem quando colaborar, daí a necessidade de um Scrum master para reunir os membros da equipe à força, unindo-os em torno de um objetivo da equipe. Atualmente, muitos desenvolvedores mais jovens nunca trabalharam em um ambiente isolado. Eles não precisam de um papel designado dentro da equipe para garantir que a colaboração ocorra de forma eficaz. Da mesma forma, por que precisamos de um dono do produto formal entre a equipe e o restante de nossas partes interessadas? Esse grau de separação aumenta as chances de falhas de comunicação e limita as oportunidades das equipes desenvolverem empatia pelas pessoas para as quais estão criando a solução. Nos primeiros dias do Scrum, era difícil obter acesso às partes interessadas, então, o dono do produto "obrigatório" foi criado. Hoje em dia, é uma prática mais comumente aceita ter acesso direto a todas as partes interessadas e, melhor ainda, a participação ativa das partes interessadas.

No Disciplined Agile, precisamos constantemente lembrar às equipes que contexto conta e ter opções é bom. Como tudo no DA, os papéis que descrevemos são "boas ideias" que podem ou não fazer sentido para você. Na meta do processo **Formar equipe**, incentivamos você a considerar os papéis que fazem sentido para sua equipe. Se você é iniciante em ágil e há pouca resistência organizacional à mudança, provavelmente deseja adotar as funções clássicas do DAD. Se sua maturidade e capacidade em ágil forem mais avançadas, ou se a adoção de novas funções for muito disruptiva, convém adaptar as funções de acordo com o contexto.

Fazer o tailoring das funções da equipe de DAD para sua organização

Como mencionamos anteriormente, você forma suas equipes com as pessoas disponíveis. Muitas organizações descobrem que não podem preencher alguns papéis, ou que alguns dos papéis de DAD simplesmente não se encaixam bem em sua cultura atual. Como resultado, acham que precisam fazer o tailoring dos papéis para refletir a situação em que se encontram. Fazer o tailoring dos papéis pode ser uma ladeira bem escorregadia, pois descobrimos que os papéis de DAD funcionam muito bem na prática, portanto, qualquer ajuste provavelmente aumentará o risco enfrentado pela equipe. A Tabela 4.1 demonstra as opções de tailoring para os papéis principais e os riscos associados.

Tabela 4.1 Potenciais opções de *tailoring* para os papéis principais

Papel	Opções de tailoring e riscos
Dono da arquitetura	• **Arquiteto de aplicativos/soluções.** Um arquiteto tradicional não trabalha tão colaborativamente quanto o dono da arquitetura, então, corre o risco de ter sua visão mal compreendida ou ignorada pela equipe. • **Sem dono da arquitetura.** Sem alguém no papel de dono da arquitetura, a equipe deve colaborar ativamente para identificar uma estratégia de arquitetura por conta própria, o que tende a levar a equipe a ignorar preocupações de arquitetura e pagar o preço mais tarde no ciclo de vida com mais retrabalho.
Dono do produto	• **Analista de negócios.** Os analistas de negócios normalmente não têm a autoridade de tomada de decisão que um dono do produto tem, então, eles se tornam um gargalo quando a equipe precisa de uma decisão rápida. Os analistas de negócios também tendem a favorecer a produção de documentação dos requisitos em vez da colaboração direta com os membros da equipe. • **Participação ativa das partes interessadas.** Os membros da equipe trabalham diretamente com as partes interessadas para entender suas necessidades e obter feedback sobre seu trabalho. A equipe precisará de uma maneira de identificar e trabalhar com uma visão consistente, caso contrário, corre o risco de ser puxada para várias direções.
Parte interessada	• **Personas.** Embora sempre haja partes interessadas, você pode não ter acesso a elas ou, mais precisamente, ter acesso a toda a gama delas. Personas são personagens fictícias que representam classes de partes interessadas. Personas permitem que a equipe fale em termos dessas pessoas fictícias, explorando como essas pessoas interagiriam com a solução.
Líder da equipe	• **Scrum master.** Tivemos resultados mistos com Scrum masters em equipes, principalmente porque a designação Certified ScrumMaster® (CSM) requer muito pouco esforço para ser conquistada. Como resultado, sugerimos que você coloque um Scrum master experiente nessa função, não apenas um CSM. • **Gerente de projeto.** Ao atribuir trabalho às pessoas e depois monitorá-las, um gerente de projeto negará a capacidade de uma equipe de se beneficiar da auto-organização e provavelmente diminuirá a segurança psicológica da equipe. Dito isso, uma porcentagem significativa de gerentes de projeto está disposta e é capaz de abandonar as estratégias de comando e controle em favor de uma abordagem de liderança. • **Sem líder de equipe.** Vimos equipes realmente auto-organizadas que não precisam de um líder de equipe. Sempre houve equipes que trabalham juntas há muito tempo, nas quais as pessoas optam por resolver o que normalmente seriam as responsabilidades de liderança da equipe conforme a necessidade se apresente, assim como qualquer outro tipo de trabalho.
Membro da equipe	• **Especialistas.** Como dissemos anteriormente, se tudo o que você tem disponível são especialistas, é com eles que você forma a sua equipe.

Papéis de DAD e tradicionais

Muitos puristas de ágil vão insistir que os papéis tradicionais, como gerente de projeto, analista de negócios (BA), gerente de recursos e muitos outros, desaparecem com o ágil. Embora isso *possa* acontecer no longo prazo, não é prático no curto prazo. A eliminação de papéis tradicionais no início de sua transformação para o ágil é revolucionária, geralmente resultando em resistência e enfraquecimento da adoção do ágil. Preferimos uma abordagem mais evolutiva, menos disruptiva, que respeite as pessoas e suas aspirações de carreira. Embora o ágil exija diferentes modos de trabalhar, as habilidades e o rigor das especializações tradicionais ainda são extremamente valiosos. Os gerentes de projeto entendem o gerenciamento de riscos, as estratégias de estimativa e o planejamento de release. Analistas de negócios com certificação ou treinamento clássico trazem um vasto kit de ferramentas com opções de modelagem (muitas das quais são descritas na meta do processo **Explorar o escopo**). Dizer que não precisamos de gerentes de projeto ou analistas de negócios é uma visão míope, ingênua e desrespeitosa com essas profissões.

Dito isso, os papéis primários de DAD são extremamente eficazes na prática. Quando trabalhamos com organizações para melhorar seu WoW, ajudamos o maior número de pessoas a fazer a transição de seus papéis tradicionais para os papéis do DAD, que muitas vezes consideram mais gratificantes na prática. A Figura 4.5 mostra opções comuns de vários papéis tradicionais. O que mostramos são generalizações, e é importante reconhecer que as pessoas escolherão seus próprios caminhos de carreira com base em suas próprias preferências e desejos — todos têm opções de carreira no ágil. O importante é reconhecer que todos podem encontrar o seu lugar em uma organização ágil se estiverem dispostos a aprender um novo WoW e assumir novos papéis.

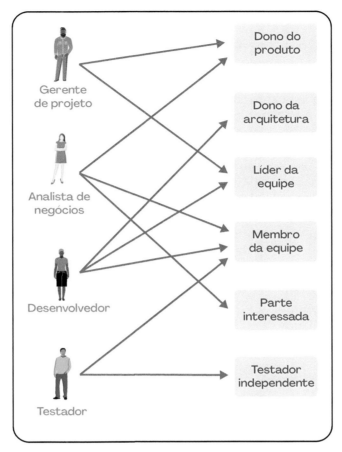

Figura 4.5 Transições comuns de papéis tradicionais para o DAD.

Em suma

Este capítulo explorou os potenciais direitos e as responsabilidades das pessoas envolvidas com equipes de DAD e os papéis que elas podem optar por assumir. Falamos em potencial, porque você precisa adaptar essas ideias para se adequarem ao ambiente cultural de sua organização. No entanto, mostramos que quanto mais você se afasta dos papéis e responsabilidades do DAD, maior o risco que assumirá. Você aprendeu o seguinte:

- O DAD define cinco funções principais — líder da equipe, dono do produto, membro da equipe, dono da arquitetura e parte interessada — que aparecem em todas as equipes.
- Em muitas situações, as equipes contarão com pessoas em papéis de apoio — especialistas, especialistas de domínio, especialistas técnicos, testadores independentes ou integradores — conforme apropriado e necessário.
- Os papéis de DAD devem ser considerados, como tudo, um ponto de partida sugerido. Você pode ter motivos válidos para fazer o tailoring dos papéis na sua organização.
- No caso dos papéis, assim como tudo, faça o melhor que puder na situação que enfrenta e se esforce para melhorar com o tempo.

Capítulo 5

Metas de processo

Devemos aprender não apenas a aceitar as diferenças entre nós e nossas ideias, mas a acolhê-las e desfrutá-las com entusiasmo . – Gene Roddenberry

Pontos-chave deste capítulo

- Embora cada equipe trabalhe de uma maneira única, elas ainda precisam abordar as mesmas metas de processo (resultados do processo).
- As metas de processo orientam você sobre o que precisa pensar e suas potenciais opções; elas não prescrevem o que fazer.
- As metas de processo do DAD fornecem opções, cada uma com vantagens e desvantagens (trade-offs).
- Dedique-se a fazer o melhor que puder na situação que enfrenta.
- As metas de processo do DAD parecem muito complicadas no início, mas pergunte a si mesmo o que você removeria.

O Disciplined Agile Delivery (DAD) adota uma abordagem direta para apoiar as equipes na escolha do seu modo de trabalhar (WoW). As metas de processo orientam as equipes nas decisões relacionadas ao processo que precisam tomar para o tailoring das estratégias ágeis e abordar o contexto da situação que elas enfrentam [Goals]. Algumas pessoas gostam de chamar isso de WoW orientado a capacidade, WoW orientado a resultados de processo ou abordagem orientada a vetores.

Cada uma das metas de processo do DAD define um resultado de processo de alto nível, como melhorar a qualidade ou explorar o escopo inicial, sem prescrever como fazê-lo. Em vez disso, uma meta de processo indica as questões que você precisa considerar, o que chamamos de pontos de decisão, e algumas opções potenciais que você pode adotar.

As metas de processo orientam as equipes nas decisões relacionadas ao processo para fazer o tailoring e escalar as estratégias ágeis para abordar o contexto da situação que elas enfrentam. Esse esforço de tailoring deve levar, no máximo, horas, não dias, e os diagramas de metas do DAD ajudam você a acelerar isso. As metas de processo são uma abordagem recomendada para apoiar as equipes na escolha de seu WoW e são uma parte crítica da estrutura de suporte de processos do Disciplined Agile (DA).

Por que uma abordagem orientada a metas?

No Capítulo 1, aprendemos que existem várias boas razões pelas quais uma equipe deve ser dona de seu processo e por que ela deve escolher e evoluir seu WoW ao longo do tempo. Primeiro, cada equipe enfrenta uma situação única e, portanto, deve adaptar sua abordagem para lidar melhor com esse contextoe evoluir seu WoW à medida que a situação evolui. Em outras palavras, contexto conta. Em segundo lugar, é preciso ter opções e saber quais são essas opções — você não pode ser dono do seu processo se não souber o que está em jogo. Terceiro, queremos ser incríveis no que fazemos, por isso precisamos de flexibilidade para experimentar modos de trabalhar, para que possamos descobrir como ser a equipe mais incrível que podemos ser.

A maioria das equipes enfrenta dificuldades para se apropriar de verdade do seu processo, ser seu dono, principalmente porque não têm a experiência de processo dentro da equipe para fazê-lo. Portanto, elas precisam de alguma ajuda, e as metas de processo são uma parte importante dessa ajuda. Nossa experiência é que existem várias vantagens fundamentais em adotar uma abordagem orientada a metas para a entrega de soluções ágeis, pois essa abordagem:

- Permite que as equipes se concentrem nos resultados do processo, não na conformidade do processo.
- Fornece um caminho conciso e compartilhado para decisões de processo mais enxutas e com menos desperdício.
- Apoia a escolha do seu WoW, tornando as decisões explícitas do processo.
- Torna suas opções de processo muito claras e, assim, facilita a identificação da estratégia apropriada para a situação em que você se encontra.
- Possibilita escalar de maneira eficaz, fornecendo estratégias sofisticadas o suficiente para lidar com as complexidades que você enfrenta em escala.
- Elimina a adivinhação da tarefa de estender os métodos ágeis e, assim, permite que você se concentre em seu trabalho real, que é fornecer valor às suas partes interessadas.
- Deixa claro quais riscos você está assumindo e, portanto, permite aumentar a probabilidade de sucesso.
- Sugere um modelo de maturidade ágil (isso é importante para qualquer organização que esteja com dificuldades para se afastar dos modelos de maturidade tradicionais).

Qual é o grau de detalhamento suficiente?

A quantidade de detalhes do processo que você precisa como pessoa ou equipe varia de acordo com sua situação. Em geral, quanto mais experiente você for, menos detalhes serão necessários. A Figura 5.1 apresenta uma visão geral de como escolhemos capturar os detalhes do DAD, começando com metas de processo de alto nível baseadas em resultados e chegando até os detalhes minuciosos de uma prática específica. O DA Browser [DABrowser] captura os três primeiros níveis: metas de processo, diagramas de metas de processo e tabelas de opções. O quarto nível, descrições detalhadas de práticas/estratégias, seriam dezenas de milhares de páginas impressas — o cânone ágil/lean é muito, muito grande, e o nosso objetivo com o DAD é ajudar a colocá-lo em contexto para você.

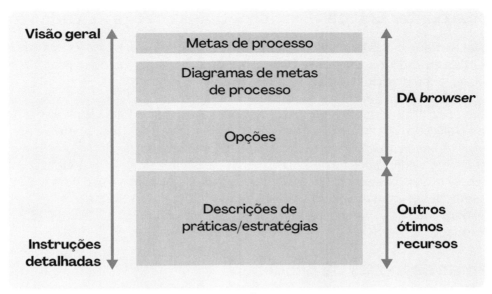

Figura 5.1 Nível de detalhes com metas de processo.

Como mostra a Figura 5.1, existem quatro níveis de detalhe quando se trata de descrever as metas de processo:

1. **Meta de processo.** O resultado do processo nomeado, por exemplo: Identificar a estratégia de arquitetura, Acelerar a entrega de valor, Implantar a solução ou Aumentar os membros da equipe. As metas de processo nomeadas são úteis para fornecer uma linguagem uniforme para discutir questões relacionadas ao processo entre equipes com WoWs potencialmente muito diferentes.
2. **Diagrama de metas de processo.** Esta é uma representação visual dos aspectos que você precisa pensar sobre a meta, o que chamamos de pontos de decisão, e várias opções de cada ponto de decisão para escolher. Não estamos dizendo que identificamos todas as técnicas possíveis para você, mas identificamos o suficiente para oferecer uma boa variedade e deixar claro que você realmente tem opções. Um diagrama de metas de processo é, sob vários aspectos, uma versão avançada de uma árvore de decisão, e um exemplo é mostrado na Figura 5.4, mais adiante neste capítulo. Os diagramas de metas de processo são úteis para profissionais experientes, incluindo coaches de ágil, como visões gerais do que eles precisam considerar ao fazer o tailoring da parte de seu WoW endereçada por tal meta.
3. **Tabelas de opções.** Uma tabela de opções fornece um breve resumo de práticas ou estratégias potenciais que você deve considerar adotar para lidar com um determinado ponto de decisão. Para cada opção, as escolhas associadas (trade-offs) a ela também são fornecidas para contextualizá-la. Não existe uma prática recomendada — cada prática/estratégia funciona bem em alguns contextos e é imprópria para outros contextos. As tabelas de opções ajudam você a identificar o que acredita ser a melhor opção para sua equipe experimentar na situação atual que você enfrenta. A Figura 5.5 fornece um exemplo, mais adiante neste capítulo.
4. **Descrições de práticas/estratégias.** Cada técnica é descrita por meio de blogs, artigos e, em alguns casos, um ou mais livros. Por exemplo, existem milhares de postagens em blogs e artigos sobre desenvolvimento orientado a testes (TDD), bem como vários bons livros. Nosso objetivo é colocar você na direção certa para acessar esses ótimos recursos, que é exatamente o que fazemos no DA Browser.

Contexto conta: Equipes Disciplined Agile são orientadas a metas

A Figura 5.2 mostra as metas de uma equipe de DAD agrupadas pelas três fases de Concepção (Inception), Construção (Construction) e Transição (Transition), bem como as metas que estão em andamento ao longo do ciclo de vida.

Se você conhece o histórico do seu processo, deve ter notado que adotamos os nomes das fases do Processo Unificado (UP) [Kruchten]. Mais precisamente, adotamos três dos quatro nomes de UP, porque o DAD não tem uma fase de elaboração, diferentemente do UP. Algumas pessoas vão apontar isso como evidência de que o DAD é apenas o UP, mas se você estiver familiarizado com o UP, perceberá que isso claramente não é verdade. Escolhemos adotar esses nomes, porque, honestamente, eles eram muito bons. Nossa filosofia é reutilizar e aproveitar o maior número possível de ótimas ideias, incluindo a terminologia, e não inventar uma nova terminologia se pudermos evitar.

Diagramas de metas de processo

Embora listar as metas de processo de alto nível na Figura 5.2 seja um bom começo, a maioria das pessoas precisa de mais informações do que isso. Para passar para o próximo nível de detalhe, usamos diagramas de metas, cuja notação é descrita na Figura 5.3 e um exemplo é mostrado na Figura 5.4. Primeiro, vamos explorar a notação:

- **Metas de processo.** As metas de processo são mostradas como retângulos arredondados.
- **Pontos de decisão.** Os pontos de decisão, que são questões de processo que você precisa considerar, são mostrados como retângulos. As metas de processo terão dois ou mais pontos de decisão, e a maioria das metas terá quatro ou cinco pontos de decisão, embora algumas tenham mais. Cada ponto de decisão pode ser endereçado por práticas/estratégias apresentadas em uma lista à direita. Às vezes, há pontos de decisão que você não precisará abordar, dada a sua situação. Por exemplo, a meta do processo **Coordenar atividades** tem um ponto de decisão *Coordenar através do programa* que só se aplica se sua equipe fizer parte de uma "equipe de equipes" maior.
- **Listas ordenadas de opções.** Uma lista ordenada de opções é representada com uma seta à esquerda da lista de técnicas. O que queremos dizer com isso é que as técnicas que aparecem no topo da lista são mais desejáveis, geralmente mais eficazes na prática, e as técnicas menos desejáveis estão na parte inferior da lista. Sua equipe, é claro, deve se esforçar para adotar as técnicas mais eficazes que forem capazes de executar, dado o contexto da situação que enfrentam. Em outras palavras, faça o melhor que puder, mas esteja ciente de que existem técnicas potencialmente melhores que você pode adotar em algum momento. Do ponto de vista da teoria da complexidade, um ponto de decisão com uma lista ordenada de opções é efetivamente um vetor que indica um caminho de mudança. Na Figura 5.4, o ponto de decisão *Nível de detalhe do documento de escopo* tem um conjunto ordenado de opções, enquanto o segundo, não.

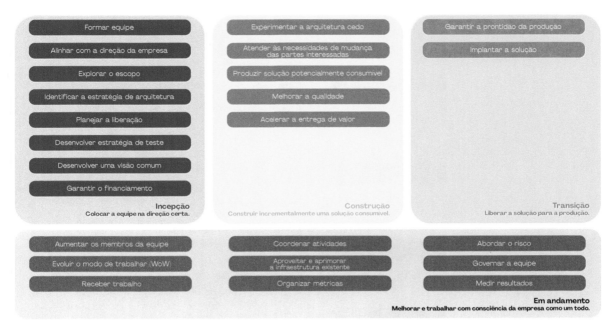

Figura 5.2 As metas de processo do Disciplined Agile Delivery (DAD).

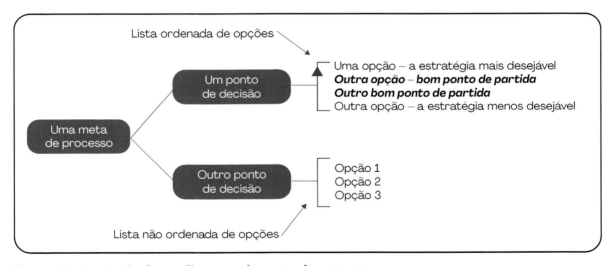

Figura 5.3 A notação de um diagrama de metas de processo.

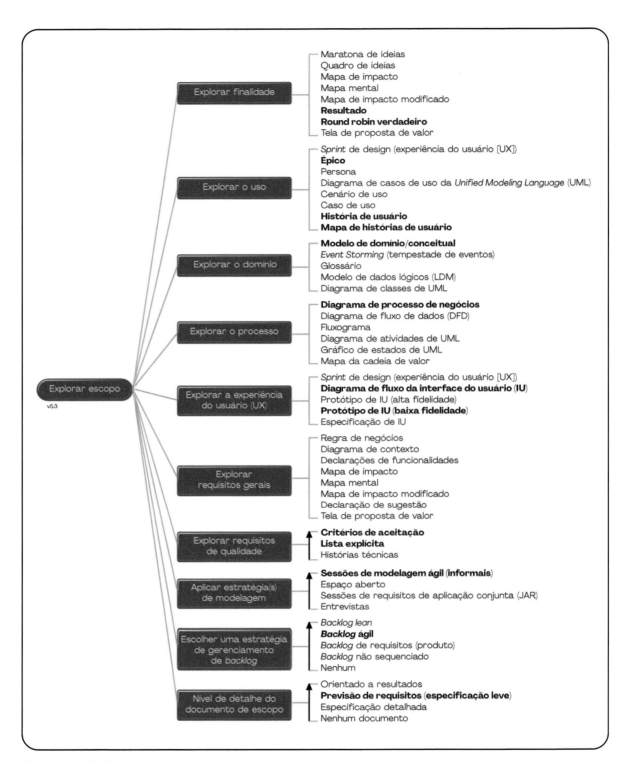

Figura 5.4 O diagrama de metas Explorar escopo.

- **Listas não ordenadas de opções.** Uma lista não ordenada de opções é representada sem uma seta — cada opção tem vantagens e desvantagens, mas não está claro como classificar as opções de forma justa.
- **Potenciais pontos de partida.** Potenciais pontos de partida são mostrados em negrito e itálico. Como pode haver muitas técnicas para escolher, indicamos as técnicas "padrão" em negrito e itálico. Esses padrões são bons pontos de partida para pequenas equipes iniciantes em ágil, que estão enfrentando um problema evidente: quase sempre são estratégias do Scrum, Extreme Programming (XP) e Modelagem Ágil, com algumas ideias de Processo Unificado lançadas para "arredondar" as coisas.

É comum combinar várias opções de uma determinada lista na prática. Por exemplo, considere o ponto de decisão *Explorar o uso*, na Figura 5.4 — é comum que as equipes iniciantes em ágil utilizem épicos, histórias de usuários e mapas de histórias de usuários para explorar os requisitos de uso.

Vamos conhecer um pouco mais o diagrama da meta **Explorar o escopo** da Figura 5.4. Essa é uma meta de processo que você deve abordar no início do ciclo de vida durante a Concepção (se estiver seguindo um ciclo de vida que inclui uma fase de Concepção — consulte o Capítulo 6). Enquanto alguns métodos ágeis simplesmente aconselham você a preencher inicialmente um backlog de produto com algumas histórias de usuários, o diagrama de metas deixa claro que você pode querer ser um pouco mais sofisticado em sua abordagem. Que nível de detalhe você deve capturar, se é que deve capturar algum? Como você vai explorar o uso potencial do sistema? Ou os requisitos da interface de usuário (UI)? Ou os processos de negócios suportados pela solução? Técnicas padrão, ou talvez pontos de partida sugeridos com mais precisão, são mostrados em negrito e itálico. Observe como sugerimos que provavelmente seja conveniente capturar de alguma forma o uso, os conceitos básicos do domínio (por exemplo, por meio de um diagrama conceitual de alto nível) e os requisitos não funcionais. Existem diferentes estratégias que você pode considerar para a modelagem — escolha aquelas que fazem sentido para sua situação e não o contrário. Você também deve começar a pensar em sua abordagem para gerenciar seu trabalho — uma abordagem de especificações leve, como escrever em algumas fichas catalográficas (index card) e alguns esboços no quadro branco, é apenas uma opção que você deve considerar. No DAD, deixamos claro que as equipes ágeis fazem mais do que apenas implementar novos requisitos, daí nossa recomendação de usar como padrão uma lista de itens de trabalho em vez de uma estratégia de backlog de requisitos (produto) simplista. Os itens de trabalho podem incluir novos requisitos a serem implementados, defeitos a serem corrigidos, workshops de treinamento, revisões do trabalho de outras equipes e assim por diante. Essas são coisas que precisam ser dimensionadas, priorizadas e planejadas. Por fim, o diagrama de metas deixa claro que, ao explorar o escopo inicial de seu esforço, você deve capturar, de alguma maneira, requisitos não funcionais — como confiabilidade, privacidade, disponibilidade, performance e requisitos de segurança (entre muitos outros).

Mas isso é tão complicado!

Nossa estratégia com o DA é reconhecer explicitamente que o desenvolvimento de software (e TI e organizações, em geral) são inerentemente complicados. O DA não tenta simplificar as coisas em um punhado de "melhores práticas". Em vez disso, o DA comunica explicitamente os problemas que você enfrenta, as opções que você tem e as escolhas (trade-offs) que você está fazendo, e simplifica o processo de decisão das estratégias certas que atendam às suas necessidades. O DA fornece a estrutura de suporte para ajudar você a tomar melhores decisões de processo.

Sim, existem muitas metas de processo (24, na verdade) descritas na Figura 5.2. Qual você tiraria? Conhecemos equipes que não abordam o risco de forma alguma, mas isso invariavelmente foi ruim para elas. Também vimos equipes optarem por não abordar a meta **Melhorar a qualidade**, e imediatamente viram seu débito técnico aumentar. Na prática, você não pode optar com segurança por ignorar nenhuma dessas metas. Da mesma forma, considere os pontos de decisão na Figura 5.4. Você eliminaria algum desses? Provavelmente, não. Sim, é assustador que haja tanto a ser considerado para ter sucesso na entrega de soluções em longo prazo, e o que capturamos parece ser um conjunto mínimo para o desenvolvimento de soluções de nível corporativo.

Chegando aos detalhes: tabelas de opções e referências

O próximo nível de detalhe são as tabelas de opções, cujo exemplo é mostrado na Figura 5.5 para o ponto de decisão *Explorar requisitos de qualidade* da meta **Explorar o escopo**. Cada tabela lista as opções, práticas ou estratégias, e as escolhas (trade-offs) de cada uma. O objetivo é contextualizar cada opção e, quando apropriado, indicar mais detalhes sobre essa técnica.

A Figura 5.6 mostra como você é direcionado para mais informações por meio de links no menu suspenso de recursos adicionais. Nesse caso, você verá links pertinentes à opção de critérios de aceitação. Esses links levam a artigos relevantes, postagens em blogs, livros ou oportunidades de treinamento. A filosofia do DA é fornecer informações contextuais suficientes para determinar se uma opção provavelmente funcionará para você e indicar ótimos recursos se você quiser aprender mais.

Como aplicar as metas de processo na prática

Agilistas disciplinados podem aplicar metas de processo em vários cenários comuns:

- **Identificar estratégias potenciais para experimentar.** Descrevemos a melhoria contínua guiada (GCI) no Capítulo 1, onde uma equipe usa o DAD como referência para identificar técnicas para experimentar. Como o DAD contextualiza as opções, mostrado na Figura 5.5, é mais provável que você identifique uma técnica que funcione para o seu ambiente.
- **Aprimorar retrospectivas.** Os diagramas de metas e as tabelas de apoio fornecem um kit de ferramentas com opções potenciais que você pode experimentar para resolver os desafios identificados pela equipe.

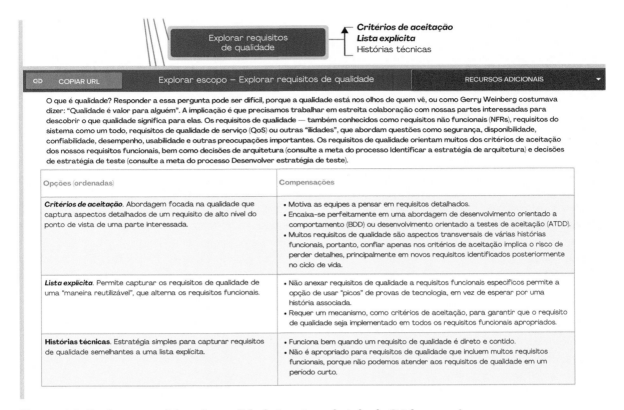

Figura 5.5 *Explorar requisitos de qualidade* (captura de tela do DA browser).

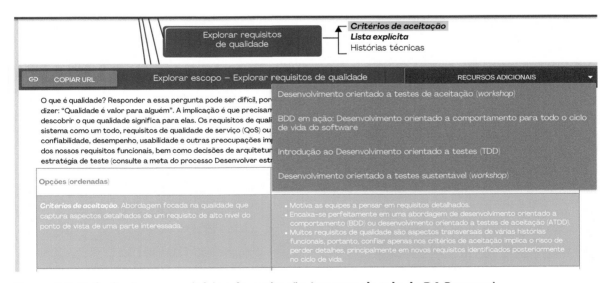

Figura 5.6 **Referências para critérios de aceitação (captura de tela do DA Browser).**

- **Checklists.** Diagramas de metas são frequentemente usados por equipes experientes como lembretes de técnicas potenciais que lhes permitem optar por aplicar em sua situação atual.
- **Workshops de tailoring de processos.** Descritos no Capítulo 1, os workshops de tailoring de processos são frequentemente usados por novas equipes para identificar ou negociar como elas trabalharão juntas. As metas de processo muitas vezes provam que são ótimos recursos para ajudar a direcionar esses workshops, e uma maneira fácil de usá-las é imprimi-las e colocá-las na parede, e depois trabalhar com elas como uma equipe.
- **Modelo de maturidade.**[1] Os pontos de decisão ordenados fornecem efetivamente um modelo de maturidade focado em torno de um determinado ponto de decisão. Mais importante, os pontos de decisão ordenados são efetivamente vetores que indicam um caminho de melhoria para as equipes potencialmente seguirem. Isso é semelhante à estratégia de modelo contínuodo CMMI [CMMI].
- **Tenha discussões produtivas sobre opções de processo.** Um aspecto interessante das metas de processo é que algumas das opções que oferecem realmente não são muito eficazes na prática. QUÊ?! Às vezes encontramos equipes que seguem uma técnica porque acreditam que é a melhor estratégia disponível, talvez tenham sido informadas de que é uma "prática recomendada", talvez seja a melhor estratégia que conheçam, talvez seja o melhor que podem fazer no momento ou talvez tenha sido prescrita a elas por sua metodologia adotada e a equipe nunca cogitou nada além disso. Independentemente, essa estratégia e outras opções válidas agora são fornecidas a elas, com as escolhas (trade-offs) de cada uma delas claramente descritas. Isso coloca você em uma posição melhor para comparar e contrastar estratégias e potencialmente escolher uma nova estratégia para experimentar.

Em suma

Este livro descreve como você pode escolher o seu WoW e como sua equipe pode realmente ser dona de seu processo. A única maneira de você ser dono do seu processo é saber o que está à venda. As metas de processo ajudam a tornar explícitas suas decisões de processo e as escolhas (trade-offs) associadas a elas. Neste capítulo, exploramos vários conceitos-chave:

- Embora cada equipe trabalhe de uma maneira única, elas ainda precisam abordar as mesmas metas de processo (resultados do processo).
- As metas de processo orientam você sobre o que precisa pensar e suas potenciais opções; elas não prescrevem o que fazer.
- As metas de processo fornecem opções, cada uma com vantagens e desvantagens (trade-offs).
- Dedique-se a fazer o melhor que puder na situação que enfrenta no momento, aprendendo e melhorando com o tempo.
- Se as metas de processo parecerem muito complicadas no início, pergunte a si mesmo o que você removeria.

---

[1] No DA, não temos medo de usar "palavrões do ágil", como gerenciamento, governança, fase e, sim, até mesmo "modelo de maturidade".

Capítulo 6

A escolha do ciclo de vida certo

Que suas escolhas reflitam suas esperanças, não seus medos.
— Nelson Mandela

Pontos-chave deste capítulo

- Algumas equipes em sua organização ainda seguirão um ciclo de vida tradicional — o DAD reconhece isso explicitamente, mas não oferece apoio para essa categoria de trabalho cada vez menor.
- O DAD fornece a estrutura de suporte necessária para escolher entre seis ciclos de vida de entrega de soluções (SDLCs) e evoluir, com base em estratégias ágeis ou lean.
- Os ciclos de vida baseados em projetos, mesmo os de ágil e lean, passam por fases.
- Cada ciclo de vida tem suas vantagens e desvantagens; cada equipe precisa escolher aquela que melhor reflete seu contexto.
- Marcos comuns, leves e baseados em risco permitem uma governança consistente; você não precisa forçar as equipes a seguir o mesmo processo.
- Uma equipe começará com um determinado ciclo de vida e geralmente evolui para longe dele à medida que melhora continuamente seu WoW.

Temos o privilégio de trabalhar com organizações em todo o mundo. Quando entramos em uma organização, muitas vezes para fazer o coaching de como melhorar o seu modo de trabalhar (WoW), podemos observar o que realmente está acontecendo dentro dela. Uma coisa que sempre vemos, em todas as empresas, exceto nas menores, é que elas têm vários ciclos de vida de entrega em suas equipes. Algumas dessas equipes seguirão um ciclo de vida de projeto ágil e baseado em Scrum, enquanto outras adotarão um ciclo de vida lean baseado em Kanban. As equipes mais avançadas, principalmente aquelas que estão adotando uma mentalidade de DevOps, adotarão uma abordagem de entrega contínua [Kim]. Alguns podem estar trabalhando em uma ideia de negócio totalmente nova e seguindo um estilo de abordagem experimental de "lean startup", enquanto outras equipes ainda podem estar seguindo um ciclo de vida mais tradicional. A razão pela qual isso acontece, como descrevemos no Capítulo 2, é que cada equipe é única e está em uma situação única. As equipes precisam de um WoW que reflita o contexto que enfrentam, e uma parte importante da escolha de um WoW eficaz é selecionar um ciclo de vida que melhor se adapte à sua situação. A estrutura de suporte do Disciplined Agile Delivery (DAD) oferece opções de ciclo de vida para suas equipes de entrega, ao mesmo tempo em que permite uma governança consistente entre elas [LifeCycles].

Uma rápida lição de história: o ciclo de vida sequencial

Em primeiro lugar, o ciclo de vida tradicional não é atualmente compatível com o DAD. Existem vários tipos diferentes de ciclo de vida sequencial, às vezes chamado de ciclo de vida tradicional, ciclo de vida em cascata ou até mesmo ciclo de vida preditivo. A Figura 6.1 mostra o que é conhecido como o modelo V. A ideia básica é que uma equipe trabalhe percorrendo fases funcionais, como requisitos, arquitetura e assim por diante. No final de cada fase, geralmente há uma revisão de marcos de "controle de qualidade" (quality gate) que tende a se concentrar na revisão da documentação. O teste ocorre no final do ciclo de vida, e cada fase de teste, pelo menos no modelo V, tende a corresponder a uma fase de criação de artefatos no início do ciclo de vida. O ciclo de vida do modelo V é baseado nas teorias dos anos 1960/1970 sobre como o desenvolvimento de software deveria funcionar. Observe que algumas organizações no início dos anos 1990 e 2000 instanciaram erroneamente o processo unificado racional (rational unified process, RUP) como um processo pesado, então alguns profissionais pensam que o RUP também é um processo tradicional. Não é. O RUP é iterativo e incremental, mas muitas vezes foi mal implementado por pessoas que não se distanciaram da mentalidade tradicional.

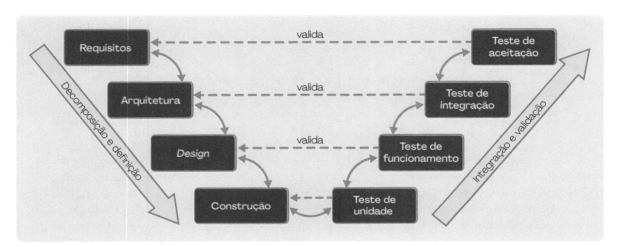

Figure 6.1 O modelo em V para um ciclo de vida de desenvolvimento de *software*.

Se a abordagem sequencial não está explicitamente incluída no DAD, por que estamos falando sobre isso? Porque algumas equipes estão atualmente seguindo uma abordagem sequencial e precisam de ajuda para se afastar dela. Pior ainda, há muitas pessoas que acreditam que as estratégias tradicionais são aplicáveis a uma grande variedade de situações. Em certo sentido, elas estão corretas, mas o que não entendem é que as estratégias de ágil/lean se mostram muito melhores na prática para a maioria dessas situações. Porém, como você aprenderá neste capítulo, existem algumas situações em que as estratégias tradicionais de fato fazem sentido. Mas são poucas.

Aula de história do ágil

O termo "iteração 0" foi cunhado pela primeira vez por Jim Highsmith, um dos criadores do Manifesto Ágil, em seu livro *Agile Software Development Ecosystems* em 2002 [Highsmith]. Mais tarde, foi adotado e renomeado para Sprint 0 pela comunidade de Scrum.

A mentalidade do projeto leva a fases ágeis, e está tudo bem

Muitas organizações optam por financiar a entrega de soluções em termos de projetos. Esses projetos podem ser orientados por datas e ter uma data de início e término definidas, podem ser orientados por escopo, pois devem fornecer uma funcionalidade específica ou um conjunto específico de resultados, ou podem ser orientados por custos, pois devem cumprir ou se submeter a um orçamento desejado. Alguns projetos têm uma combinação dessas restrições, mas quanto mais restrições você colocar em uma equipe de entrega, maior será o risco de falha do projeto. A Figura 6.2 mostra uma visão de alto nível do ciclo de vida de entrega do projeto e, como você pode ver, tem três fases:

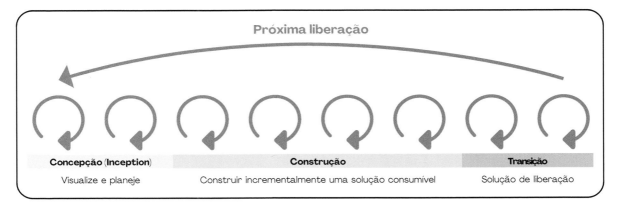

Figure 6.2   O ciclo de vida do projeto ágil (alto nível).

1. **Concepção (Inception).** A concepção (inception) às vezes é chamada de "sprint 0", "iteração 0", inicialização ou iniciação. A ideia básica é que a equipe trabalhe apenas o suficiente para se organizar e seguir na direção certa. Para começar, a equipe é formada, após isso, investe algum tempo em requisitos iniciais e exploração de arquitetura, planejamento inicial, alinhando-se com o resto da organização e, claro, garantindo financiamento para o restante do projeto. Esta fase deve ser mantida o mais simples e curta possível, enquanto se chega a um acordo sobre como a equipe acredita que alcançará os resultados solicitados por suas partes interessadas. A equipe ágil/lean típica gasta 11 dias de trabalho, ou seja, pouco mais de 2 semanas, em atividades de Concepção (Inception) [SoftDev18].

2. **Construção.** O objetivo da construção é produzir uma solução consumível com valor para o cliente que seja suficiente, conhecido como incremento mínimo de negócios (minimum business increment, MBI), para ter valor às partes interessadas. A equipe trabalhará em estreita colaboração com as partes interessadas para entender suas necessidades, criar uma solução de qualidade para elas, obter feedback regularmente e, em seguida, agir de acordo com esse feedback. A implicação é que a equipe realizará atividades de análise, design, programação, teste e gerenciamento, possivelmente todos os dias. Falaremos mais sobre isso adiante.

3. **Transição.** Às vezes, a transição é chamada de "release sprint" ou "sprint de implantação" e, se a equipe estiver com problemas de qualidade, "hardening sprint". O objetivo da transição é liberar sua solução com sucesso para a produção. Isso inclui determinar se está tudo pronto para implantar a solução e, em seguida, implantá-la. A equipe ágil/lean típica gasta 6 dias úteis em atividades de transição, mas quando você exclui as equipes com testes e implantação totalmente automatizados (algo que não faríamos), a média sobe para 8,5 dias [SoftDev18]. Além disso, 26% das equipes têm testes de regressão e implantação totalmente automatizados, e 63% realizam a transição em 1 dia ou menos.

Embora os puristas do ágil recusem o conceito de fases e muitas vezes saltem barreiras, como chamar a concepção (inception) de "sprint 0" e a transição de "release sprint", o fato é que as equipes de projetos ágeis trabalham de maneira sequencial em alto nível. As equipes precisam investir algum tempo no início para seguir na direção certa (concepção-inception/sprint 0), precisam gastar tempo para produzir a solução (construção) e precisam gastar tempo para implantar a solução (transição/release sprint). Isso acontece na prática e é muito fácil de observar se você optar por fazê-lo. O importante é agilizar seus esforços de concepção (inception) e transição o máximo possível, bem como o de construção.

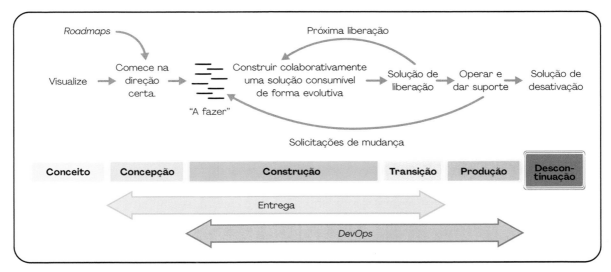

Figure 6.3 O ciclo de vida do sistema/solução/produto (alto nível).

Há mais em TI, e na sua organização em geral, do que a entrega de soluções. Por exemplo, é provável que sua organização tenha gerenciamento de dados, arquitetura corporativa, operações, gerenciamento de portfólio, marketing, gerenciamento de fornecedores, finanças e muitos outros aspectos organizacionais importantes. Um ciclo de vida completo de produto/sistema vai desde o conceito inicial da solução, passa pela entrega, e vai até as operações e suporte, e geralmente inclui muitas rodadas ao longo do ciclo de vida da entrega. A Figura 6.3 ilustra o ciclo de vida do sistema, mostrando como o ciclo de vida da entrega e o ciclo de vida do DevOps são um subconjunto dele. Embora a Figura 6.3 adicione as fases de conceito (ideação), produção e descontinuação, o foco do DAD e deste livro está na entrega. O Disciplined Agile (DA), como você aprendeu no Capítulo 1, inclui estratégias que abrangem DAD, Disciplined DevOps, value streams e o Disciplined Agile Enterprise (DAE) em geral [DALayers].

Mude para a esquerda, mude para a direita, entregue de forma contínua

Embora algumas equipes adotem uma abordagem baseada em projeto, nem todas o fazem e, com o tempo, esperamos que essa tendência cresça. Quando uma equipe tem permissão para permanecer unida por um longo período, geralmente mais do que um único projeto, chamamos isso de equipe estável ou de longa data. Quando uma equipe de longa data é capaz de evoluir seu WoW, vimos algumas coisas incríveis acontecerem — elas se tornam equipes capazes de entrega contínua. O termo "shift left" (mudar para a esquerda) é popular entre os agilistas, muitas vezes usado para indicar que testes e práticas de qualidade estão sendo realizados ao longo de todo o ciclo de vida. Isso é uma coisa boa, mas há mais na tendência de "mudança" do que isso. Existem várias tendências importantes, resumidas na Figura 6.4, que afetarão a maneira como uma equipe evolui seu WoW:

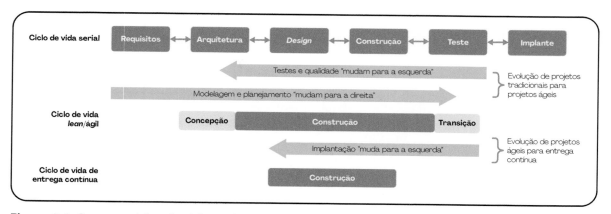

Figure 6.4 Como os ciclos de vida evoluem quando você muda as atividades para a esquerda e para a direita.

1. **Mudança para a esquerda de práticas de teste e qualidade.** Os agilistas estão claramente mudando as práticas de teste deixadas por meio de uma maior automação e substituição de especificações escritas por especificações executáveis, via práticas como desenvolvimento orientado a testes (test-driven development, TDD) [Beck] e desenvolvimento orientado a comportamento (behavior-driven development, BDD) [ExecutableSpecs]. TDD e BDD, é claro, são suportados pela prática de integração contínua (continuous integration, CI) [HumbleFarley]. A adoção dessas estratégias é um motivador-chave para uma estratégia de infraestrutura como código (infrastructure-as-code) em que as atividades principalmente manuais em equipes tradicionais, se tornam totalmente automatizadas em equipes ágeis.

2. **Mudança para a direita de práticas de modelagem e planejamento.** Os agilistas também mudaram as práticas de modelagem/mapeamento e planejamento para a direita no ciclo de vida para que possamos nos adaptar ao feedback que estamos recebendo das partes interessadas. No DAD, a modelagem e o planejamento são tão importantes que os fazemos durante todo o ciclo de vida de forma colaborativa e iterativa [AgileModeling].

3. **Mudança para a direita da interação das partes interessadas.** As equipes de DAD interagem com as partes interessadas durante todo o empreendimento, não apenas durante os requisitos e fases de teste, no início e no final do ciclo de vida.

4. **Mudança para a esquerda do feedback das partes interessadas.** As equipes tradicionais tendem a deixar feedbacks importantes de partes interessadas para o teste de aceitação do usuário (user acceptance testing, UAT) realizado durante a fase de teste tradicional. As equipes de DAD, por outro lado, procuram obter feedback das partes interessadas o mais frequente e precocemente possível durante toda a iniciativa.

5. **Mudança para a esquerda das práticas de implantação.** As práticas de implantação estão sendo totalmente automatizadas por equipes ágeis, outra estratégia de infraestrutura como código (infrastructure-as-code), para dar suporte à implantação contínua (continuous deployment, CD). A CD é uma prática essencial para os dois ciclos de vida de entrega contínua do DAD descritos abaixo.

6. **O objetivo real é a entrega contínua.** Toda essa mudança para a esquerda e para a direita resulta em equipes capazes de trabalhar na forma de entrega contínua. Melhoria de processo significa trabalhar de forma mais inteligente, não mais difícil.

Ter opções é bom: Ciclos de vida do DAD

O DAD suporta vários ciclos de vida para as equipes escolherem. Esses ciclos de vida, descritos em detalhes abaixo e resumidos na Figura 6.5, são os seguintes:

1. **Ágil.** Com base no ciclo de vida de construção do Scrum, as equipes que adotam este ciclo de vida do projeto produzem soluções consumíveis por meio de iterações curtas (também conhecidas como sprints ou janelas de tempo – timebox).
2. **Entrega contínua: ágil.** As equipes que seguem esse ciclo de vida baseado no ágil trabalham em iterações muito curtas, normalmente de 1 semana ou menos, e no final de cada iteração sua solução é liberada para a produção.
3. **Lean.** Com base no Kanban, as equipes que seguem este ciclo de vida do projeto visualizam seu trabalho, reduzem o trabalho em processo (work in process, WIP) para otimizar seu fluxo de trabalho, puxando-o para a equipe, um item de cada vez.
4. **Entrega contínua: Lean.** As equipes que adotam o ciclo de vida baseado em lean liberam seu trabalho (release) para a produção sempre que possível, normalmente várias vezes ao dia.
5. **Exploratório.** As equipes que adotam este ciclo de vida, com base no Lean Startup [Ries] e no design thinking em geral, exploram uma ideia de negócio desenvolvendo um ou mais produtos mínimos viáveis (minimum viable products, MVPs), que executam como experimentos para determinar o que os clientes em potencial realmente desejam. Este ciclo de vida geralmente é aplicado quando uma equipe enfrenta um "problema que exige uma solução engenhosa" [WickedProblemSolving] em seu domínio.
6. **Programa.** Um programa é efetivamente uma grande equipe organizada como uma equipe de equipes.

Agora, vamos explorar cada um desses ciclos de vida com mais detalhes. Depois disso, discutiremos quando considerar a adoção de cada um.

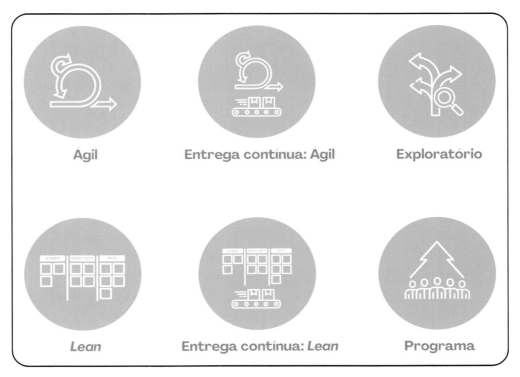

Figure 6.5 Ciclos de vida do DAD.

Ciclo de vida ágil do DAD

O ciclo de vida ágil do DAD, mostrado na Figura 6.6, é amplamente baseado no ciclo de vida de Scrum com conceitos de governança comprovados adotados no Processo Unificado (UP) para deixá-lo pronto para a empresa [Kruchten]. Esse ciclo de vida é frequentemente adotado por equipes de projeto focadas no desenvolvimento de uma única versão de uma solução, embora às vezes uma equipe permaneça unida e o adote novamente para a próxima versão (e a versão subsequente, e assim por diante). De muitas maneiras, esse ciclo de vida descreve como um ciclo de vida do projeto baseado em Scrum funciona em um ambiente de nível corporativo. Trabalhamos com várias equipes que gostam de pensar nisso como Scrum++, sem serem limitadas pelo imperativo cultural da comunidade Scrum de encobrir as atividades de entrega de soluções que consideram inconvenientes. Existem vários aspectos essenciais nesse ciclo de vida:

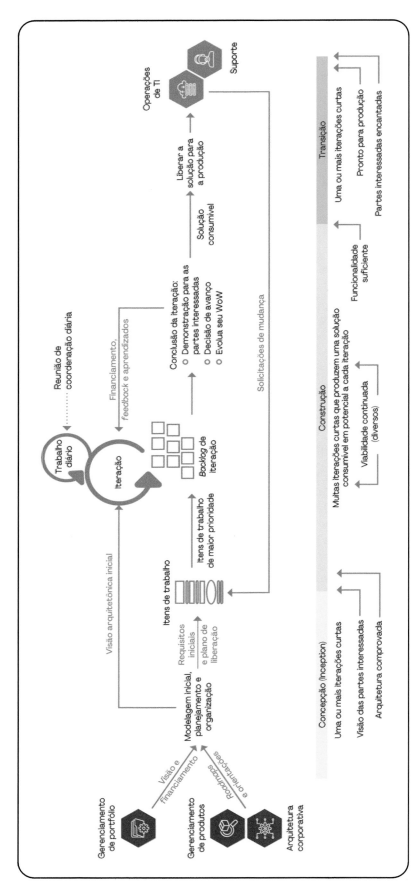

Figure 6.6 Ciclo de vida ágil do DAD.

- **A fase de concepção (inception).** Como descrevemos anteriormente, o foco da equipe é fazer o trabalho suficiente para se organizar e seguir na direção certa. O DAD visa agilizar todo o ciclo de vida do início ao fim, incluindo as atividades de iniciação abordadas pela concepção (inception). A concepção (inception) termina quando temos uma visão acordada sobre os resultados esperados para a equipe e como vamos alcançá-los.
- **A construção é organizada em iterações curtas.** Uma iteração é um período curto, normalmente 2 semanas ou menos, no qual a equipe de entrega produz uma nova versão potencialmente consumível de sua solução. É claro que, para um novo produto ou solução, você pode não ter algo realmente consumível até depois de concluir várias iterações. Essa fase termina quando temos um valor suficiente para o cliente, também conhecido como incremento mínimo de negócios (minimum business increment, MBI).
- **As equipes lidam com os itens de trabalho em pequenos batches.** Trabalhar em pequenos batches é fundamental no Scrum e, como esse ciclo de vida é baseado no Scrum, é um aspecto importante dele. As equipes de DAD, independentemente do ciclo de vida, provavelmente trabalharão em uma série de coisas: implementar novas funcionalidades, fornecer resultados positivos às partes interessadas, executar experimentos, abordar solicitações de mudança de usuários finais provenientes do uso da solução atual em produção, pagar o débito técnico, fazer treinamento e muito mais. Os itens de trabalho geralmente são priorizados pelo dono do produto, principalmente pelo valor de negócio, embora o risco, os prazos e a severidade (no caso de solicitações de mudança) também possam ser considerados. A meta de processo **Receber trabalho** fornece uma variedade de opções para gerenciar itens de trabalho. Em cada iteração, a equipe extrai um pequeno lote de trabalho da lista de itens de trabalho que eles acreditam que podem alcançar durante aquela iteração.
- **As cerimônias essenciais têm uma cadência definida.** Assim como o Scrum, esse ciclo de vida programa várias cerimônias ágeis em cadências específicas. No início de cada iteração, a equipe realiza um planejamento detalhado da iteração e, ao final dela, realiza uma demonstração. Fazemos uma retrospectiva para evoluir nosso WoW e tomamos uma decisão para avançar. Também realizamos uma reunião de coordenação diária. A questão é que, ao prescrever quando realizar essas importantes sessões de trabalho, eliminamos algumas das pressuposições e dúvidas do processo. A desvantagem é que o Scrum adiciona um pouco de sobrecarga de processo com cerimônias. Este é um problema que o ciclo de vida lean aborda.
- **A fase de transição.** O objetivo da fase de transição é garantir que a solução esteja pronta para ser implantada e, em caso afirmativo, implantá-la. Essa "fase" pode ser automatizada (exatamente o que acontece ao evoluir para os dois ciclos de vida de entrega contínua).
- **Explicitar marcos.** Esse ciclo de vida oferece suporte a toda a gama de marcos simples e baseados em risco, como pode ser visto na parte inferior do ciclo de vida. Os marcos permitem que a liderança governe de forma eficaz. Falaremos mais sobre isso adiante. Por "leve" queremos dizer que os marcos não precisam ser uma revisão burocrática e formal dos artefatos. Idealmente, são apenas espaços reservados para discussões sobre o status e a integridade da iniciativa.

- **A orientação corporativa e os roadmaps são mostrados explicitamente.** No lado esquerdo do ciclo de vida, você vê que fluxos importantes chegam à equipe de fora do ciclo de vida da entrega. Isso acontece porque a entrega da solução é apenas parte da estratégia geral de DevOps da sua organização que, por sua vez, faz parte da sua estratégia geral de TI. Por exemplo, a visão inicial e o financiamento para seu empreendimento podem vir de um grupo de gerenciamento de produtos, e os roadmaps e as orientações, de outras áreas, como arquitetura corporativa, gerenciamento de dados e segurança (para citar alguns). Lembre-se: as equipes de DAD trabalham com consciência corporativa como um todo e um aspecto disso é adotar e seguir as orientações apropriadas.
- **Operações e suporte são explicitados.** Se sua equipe estiver trabalhando em uma nova release de uma solução existente, é provável que você receba solicitações de mudanças dos atuais usuários finais, que geralmente chegam até você por meio das suas operações e suporte. Para equipes que trabalham em um ambiente de DevOps, pode ser que você seja responsável por executar e dar suporte à sua solução em produção.

Entrega contínua do DAD: ciclo de vida ágil

Entrega contínua do DAD: O ciclo de vida ágil mostrado na Figura 6.7 é uma progressão natural do ciclo de vida ágil da Figura 6.6. As equipes geralmente evoluem para esse ciclo de vida a partir do ciclo de vida ágil, geralmente adotando durações de iteração de 1 semana ou menos. A principal diferença entre este ciclo e o ciclo de vida ágil é que a entrega contínua: O ciclo de vida ágil resulta em uma entrega de novas funcionalidades ao final de cada iteração, em vez de após várias iterações. Existem vários aspectos essenciais nesse ciclo de vida:

- **Automação e práticas técnicas são fundamentais.** As equipes exigem um conjunto maduro de práticas técnicas em torno de testes de regressão automatizados, integração contínua (CI) e implantação contínua (CD). Para apoiar essas práticas, é necessário investir em ferramentas e eliminar o débito técnico e, em especial, escrever os testes de regressão automatizados que estão faltando.
- **A concepção (inception) ocorreu no passado.** Quando a equipe foi iniciada, a concepção (inception) já teria ocorrido e pode ter ocorrido novamente quando alguma mudança significativa tenha acontecido, como uma grande alteração na direção do negócio ou na direção técnica. Portanto, se essa mudança ocorrer novamente, sim, você definitivamente deve fazer um esforço suficiente para reorientar a equipe. Vemos isso como uma atividade, não uma fase, portanto, a concepção (inception) não está retratada. Dito isso, vemos as equipes parando a cada poucos meses e investindo explicitamente vários dias para negociar, em alto nível, o que farão nos próximos meses. Isso é algo que o SAFe chama de planejamento de grandes salas (big rooms) e a Modelagem Ágil chama de sessão de modelagem ágil. Essas técnicas são discutidas na meta do processo **Coordenar atividades**.

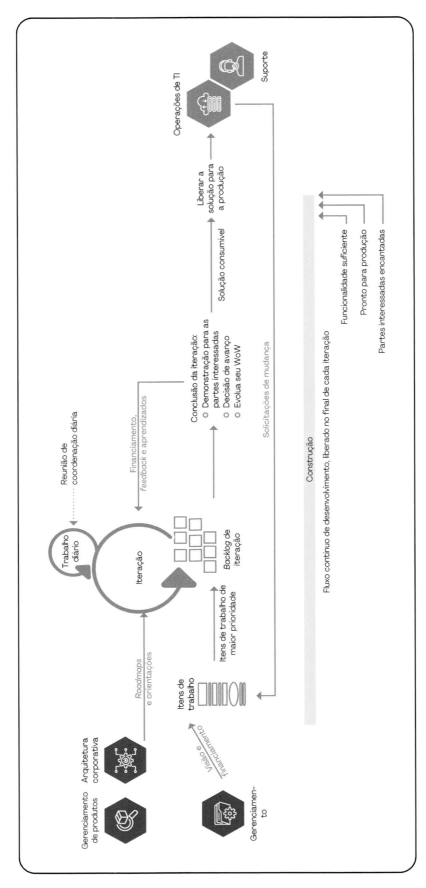

Figure 6.7 Entrega contínua do DAD: ciclo de vida ágil.

- **A transição tornou-se uma atividade.** Por meio da automação de testes e implantação, a fase de transição evoluiu de um esforço de vários dias ou várias semanas para uma atividade totalmente automatizada, que leva minutos ou horas.
- **Explicitar marcos e fluxos de trabalho de entrada** Ainda existem marcos comuns baseados em risco para apoiar uma governança consistente. Alguns marcos não são mais apropriados, em particular a Visão das partes interessadas e a Arquitetura comprovada, que teriam sido abordadas no passado (embora não haja razão para que você não aborde esses marcos novamente se ocorrerem grandes mudanças). Os fluxos de trabalho de entrada de outras partes da organização são mostrados, assim como nos ciclos de vida ágil e lean.

Ciclo de vida lean do DAD

O ciclo de vida lean do DAD, mostrado na Figura 6.8, promove princípios do lean, como minimizar o trabalho em processo, maximizar o fluxo, um fluxo contínuo de trabalho (em vez de iterações fixas) e reduzir gargalos. Esse ciclo de vida orientado a projetos é frequentemente adotado por equipes iniciantes em ágil ou lean e que encaram as necessidades das partes interessadas em rápida mudança, um problema comum para equipes que estão desenvolvendo (sustentando) uma solução de legado e por equipes tradicionais que não querem assumir o risco de disrupção cultural e de processo geralmente causada pela adoção do ágil (pelo menos não imediatamente). Existem vários aspectos essenciais nesse ciclo de vida:

- **As equipes endereçam os itens de trabalho, um de cada vez.** Uma grande diferença entre os ciclos de vida lean e ágil é a falta de iterações. O novo trabalho é puxado do conjunto de itens de trabalho, um item de cada vez, conforme a capacidade da equipe, em oposição à abordagem baseada em iteração, na qual ele é inserido na equipe em pequenos lotes.
- **Os itens de trabalho são priorizados de acordo com a filosofia "just in time" (JIT)".** Os itens de trabalho são mantidos como um pequeno conjunto de opções, muitas vezes organizados em categorias por tempo de priorização — alguns itens de trabalho são priorizados por valor (e convém que sejam também por risco) ou uma data de entrega fixa, alguns devem ser acelerados (geralmente um problema de produção de severidade 1 ou solicitação de uma parte interessada importante) e alguns trabalhos são intangíveis (como eliminar o débito técnico ou participar de treinamento). A priorização é efetivamente realizada com base em JIT, com a equipe escolhendo o item de trabalho mais importante no momento em que é puxado para ser feito.
- **As práticas são realizadas quando necessário, conforme necessário.** Assim como na priorização do trabalho, outras práticas como planejamento, realização de demonstrações, reabastecimento do conjunto de itens de trabalho, realização de reuniões de coordenação, tomada de decisões futuras, modelagem antecipada e muitas outras são realizadas com base em JIT. Isso tende a remover parte da sobrecarga que as equipes têm com o ciclo de vida ágil, mas exige mais disciplina para decidir quando realizar as várias práticas.

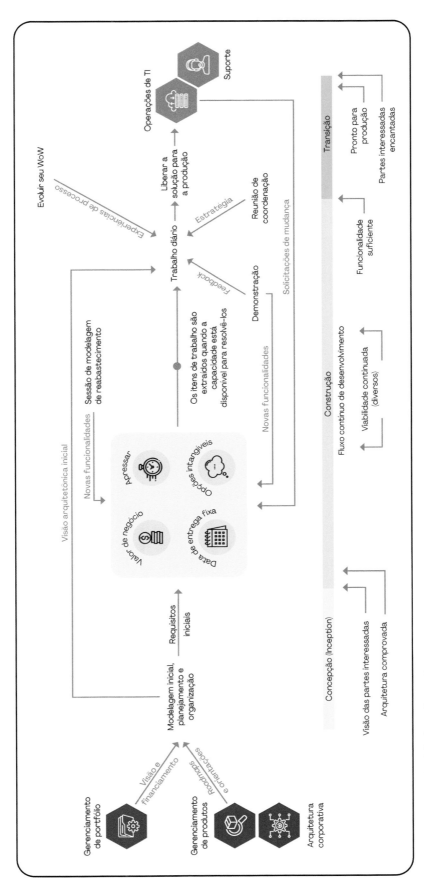

Figure 6.8 Ciclo de vida *lean* do DAD.

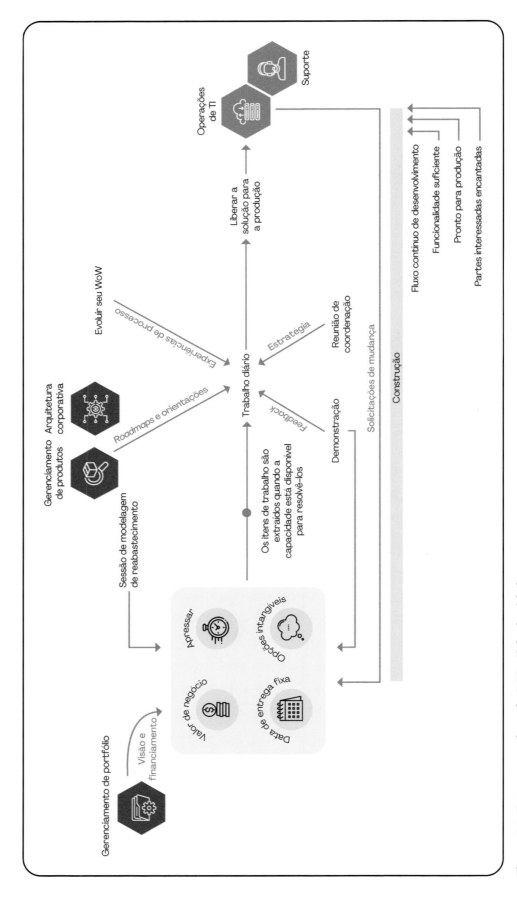

Figure 6.9 Entrega contínua do DAD: Ciclo de vida lean.

Os resultados levam à exploração contínua

Uma coisa interessante que observamos é que quando você captura itens de trabalho como resultados, em vez de requisitos, como histórias de usuários, esse ciclo de vida tende a evoluir para a exploração contínua das necessidades das partes interessadas, em vez da ordem contínua que vemos com as estratégias orientadas a requisitos.

- **As equipes gerenciam ativamente seu fluxo de trabalho.** Equipes lean usam um quadro Kanban [Anderson] para gerenciar seu trabalho. Um quadro Kanban descreve o processo de alto nível da equipe em termos de status, com cada coluna no quadro representando um estado como: Precisa de um voluntário, Sendo explorado, Aguardando desenvolvimento, Em construção, Aguardando teste, Sendo testado e Concluído. Esses foram apenas exemplos, porque conforme as equipes escolhem seu WoW, cada equipe desenvolverá um quadro que reflete seu próprio WoW. Os quadros Kanban geralmente são implementados em quadros brancos ou por meio de software de gerenciamento ágil. O trabalho é representado na forma de tickets (adesivos no quadro branco), com um ticket sendo um item de trabalho das opções pool/backlog ou uma subtarefa de um item de trabalho. Cada coluna tem um limite de trabalho em andamento (WIP), que coloca um limite superior no número de tickets que podem estar nesse estado. À medida que a equipe realiza seu trabalho, eles puxam os tickets correspondentes pelo processo em seu quadro Kanban para coordenar seu trabalho.
- **Explicitar fases, marcos e fluxos de trabalho de entrada.** Ainda há uma fase de concepção (inception) e uma fase de transição, bem como marcos baseados em risco para apoiar uma governança consistente. Os fluxos de trabalho de entrada de outras partes da organização são mostrados, assim como no ciclo de vida ágil.

Entrega contínua do DAD: ciclo de vida lean

Entrega contínua do DAD: O ciclo de vida lean mostrado na Figura 6.9 é uma progressão natural do ciclo de vida lean. As equipes geralmente evoluem para esse ciclo de vida a partir do ciclo de vida lean ou da entrega contínua: ciclo de vida ágil. Existem vários aspectos essenciais nesse ciclo de vida:

- **A entrega de novas funcionalidades é realmente contínua.** As mudanças na produção são entregues várias vezes ao dia pela equipe, embora a funcionalidade possa não ser ativada até que seja necessária (essa é uma estratégia de DevOps chamada feature toggles).
- **Automação e práticas técnicas são fundamentais.** Isso é semelhante à Entrega contínua: ciclo de vida ágil.
- **Concepção (Inception) e transição desapareceram do diagrama.** Isso ocorreu pelos mesmos motivos que desapareceram para a entrega contínua: ciclo de vida ágil.
- **Explicitar marcos e fluxos de trabalho de entrada** De novo, isso é semelhante à Entrega contínua: ciclo de vida ágil.

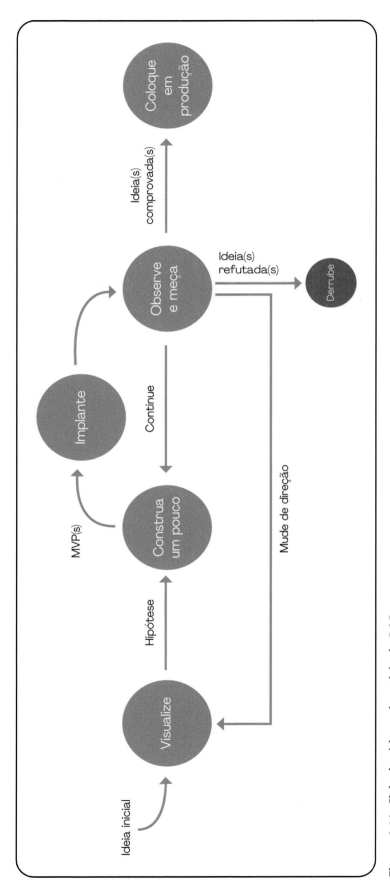

Figure 6.10 Ciclo de vida exploratório do DAD

Ciclo de vida exploratório do DAD

O ciclo de vida exploratório do DAD, mostrado na Figura 6.10, é baseado nos princípios de Lean Startup defendidos por Eric Ries. A filosofia do Lean Startup é minimizar os investimentos iniciais no desenvolvimento de novos produtos/serviços (ofertas) no mercado em favor de pequenos experimentos [Ries]. A ideia é realizar alguns experimentos com potenciais clientes para identificar o que eles querem com base no uso real, aumentando assim nossa chance de produzir algo que realmente lhes interesse. Essa abordagem de executar experimentos voltados para o cliente para explorar as necessidades do usuário é uma estratégia de design thinking importante para explorar "problemas que exigem soluções engenhosas" em seu domínio. Existem vários aspectos essenciais nesse ciclo de vida:

- **Este é um método científico simplificado.** Criamos uma hipótese baseada no que nossos clientes desejam, desenvolvemos um ou mais produtos mínimos viáveis (MVPs) implantados em um subconjunto de clientes em potencial, e então observamos e medimos como eles trabalham com o(s) MVP(s). Com base nos dados que coletamos, decidimos como seguiremos em frente. Mudamos de direção e repensamos nossa hipótese? Retrabalhamos um ou mais MVPs para executar novos experimentos com base em nossa melhor compreensão das necessidades do cliente? Descartamos uma ou mais ideias? Avançamos com uma ou mais ideias e as "produtizamos", transformando-as em ofertas reais aos clientes?
- **MVPs são investimentos em aprendizado.** Os MVPs que criamos são construídos às pressas, muitas vezes "só para inglês ver" ou código com qualidade de protótipo, cujo único objetivo é testar uma hipótese. Não é a "coisa real", nem é para ser. É uma funcionalidade ou oferta de serviço que colocamos na frente de nossos clientes em potencial para ver como eles reagem a ela. Consulte a Figura 6.11 para obter uma visão geral dos MVPs e conceitos relacionados.
- **Execute vários experimentos em paralelo.** Idealmente, esse ciclo de vida envolve a execução de vários experimentos em paralelo para explorar nossa hipótese. Esta é uma melhoria em relação ao Lean Startup, que se concentra em um único experimento por vez — embora seja mais fácil executar um único experimento por vez, leva mais tempo para se chegar a uma boa ideia e, pior ainda, implica o risco de identificar uma estratégia antes que outras opções tenham sido consideradas.
- **Experimentos fracassados ainda são sucessos.** Algumas organizações relutam em fazer experimentos por medo de falhar, o que é lamentável porque uma abordagem exploratória como realmente reduz o risco de falha do produto (que tende a ser algo grande, caro e penoso). Nosso conselho é: faça de forma quer seja "seguro falhar", para reconhecer que, quando um experimento tem um resultado negativo, isso é um sucesso, porque você aprendeu de forma barata o que não funcionará, permitindo que se concentre novamente em procurar algo que funcione.
- **Siga outro ciclo de vida para construir o produto real.** Uma vez que descobrimos uma ou mais ideias que parecem ter sucesso no mercado, precisamos construir a "solução real". Fazemos isso seguindo um dos outros ciclos de vida do DAD.

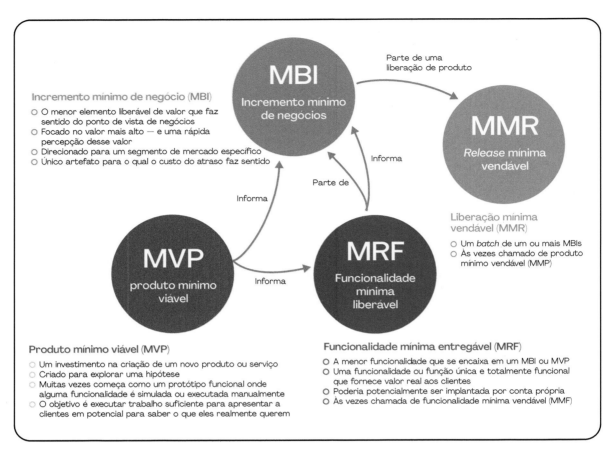

Figure 6.11 Conhecer a terminologia relacionada aos MVPs.

Vimos que vários estilos diferentes, ou talvez vários tailorings diferentes, sejam uma maneira melhor de ver isso ao longo dos anos:

1. **Exploração de uma nova oferta.** A razão mais convincente, pelo menos para nós, é aplicar esse ciclo de vida para explorar uma ideia que sua organização tem para um novo produto.
2. **Exploração de uma nova funcionalidade.** Em uma escala menor, o ciclo de vida Exploratório é efetivamente a estratégia para executar um teste A/B ou teste dividido (split test), em que se implementam várias versões de uma nova funcionalidade executadas em paralelo para determinar qual delas é mais eficaz.

3. **Provas de conceito (PoC) paralelas.** Com uma PoC, você instala e avalia um pacote, às vezes chamado de solução comercial pronta para uso (commercial off-the-shelf solution, COTS), em seu ambiente. Uma maneira eficaz de diminuir o risco de aquisição de software é executar várias provas de conceito em paralelo, uma para cada pacote de software em potencial que você está considerando, e então comparar os resultados para identificar a melhor opção disponível. Isso é muitas vezes chamado de "bake-off", uma espécie de competição.

4. **Comparações de estratégia.** Algumas organizações, principalmente aquelas em ambientes muito competitivos, iniciarão várias equipes no início para trabalhar em um produto. Cada equipe trabalha basicamente por toda a concepção (inception), e talvez até um pouco da construção, com o objetivo de identificar uma visão do produto e provar sua estratégia de arquitetura. Nesse caso, seu trabalho é mais avançado que um MVP, mas menos avançado que um MBI. Então, após um tempo, eles comparam o trabalho das equipes e escolhem a melhor abordagem — a "equipe vencedora" avança e se torna a equipe do produto.

Ciclo de vida do programa do DAD para uma "equipe de equipes"

O ciclo de vida do programa do DAD, mostrado na Figura 6.12, descreve como organizar uma equipe de equipes. Equipes ágeis grandes são raras na prática, mas acontecem. Essa é exatamente a situação que frameworks escaláveis como SAFe, LeSS e Nexus abordam. Existem vários aspectos essenciais nesse ciclo de vida:

- **Há uma fase de concepção (inception) explícita.** Quando uma equipe é nova, queiramos ou não, precisamos investir algum tempo inicial em organização, e isso é particularmente verdadeiro para equipes grandes, devido ao risco adicional que enfrentamos. Devemos fazê-lo o mais rápido possível, e a melhor maneira é reconhecer explicitamente o que precisamos fazer e como será feito.

- **Subequipes/squads escolhem e depois evoluem seu WoW.** As subequipes, às vezes chamadas de squads, devem poder escolher seu próprio WoW, como qualquer outra equipe faria. Isso inclui escolher seus próprios ciclos de vida, bem como suas próprias práticas — para ser claro, algumas equipes podem estar adotando o ciclo de vida ágil, outras, a entrega contínua: Ciclo de vida lean, e assim por diante. Podemos optar por impor algumas restrições às equipes, como seguir orientações e estratégias comuns em torno da coordenação dentro do programa (capturadas pela meta do processo **Coordenar atividades**). Como a Figura 6.13 indica, precisaremos chegar a um acordo sobre como proceder com a integração de sistemas entre equipes e testes entre equipes (se necessário), opções que são capturadas pela meta de processo **Acelerar a entrega de valor** e pela meta de processo **Desenvolver estratégia de teste**, respectivamente. Quando um frameworkcomo o SAFe prescreve uma estratégia como um release trainpara fazer isso, o DAD oferece opções e ajuda você a escolher a melhor estratégia para sua situação.

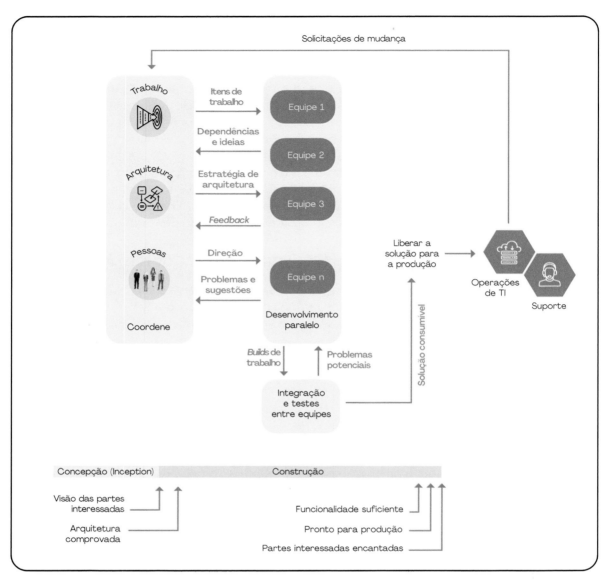

Figure 6.12　O ciclo de vida de programa.

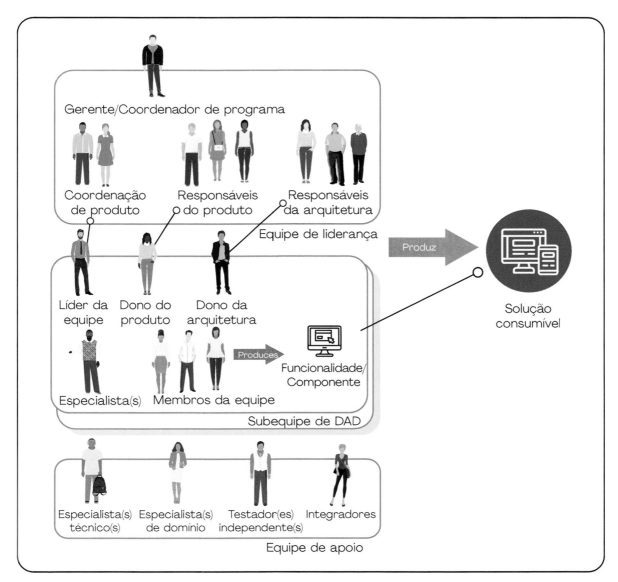

Figure 6.13 Estrutura potencial para organizar uma grande equipe de equipes.

- **As subequipes podem ser equipes de funcionalidades ou equipes de componentes.** Durante anos dentro da comunidade ágil, houve um debate sobre equipes de funcionalidades versus equipes de componentes. Uma equipe de funcionalidades trabalha em fatias verticais de funcionalidade, implementando uma história ou abordando uma solicitação de mudança da interface do usuário até o banco de dados. Uma equipe de componentes trabalha em um aspecto específico de um sistema, como funcionalidade de segurança, processamento de transações ou logs. Em nossa experiência,ambos os tipos de equipes têm seu lugar, são aplicáveis em determinados contextos, mas não em outros, e as estratégias podem ser, e muitas vezes são, combinadas na prática.
- **A coordenação ocorre em três níveis.** Quando estamos coordenando entre subequipes, há três questões com as quais precisamos nos preocupar: coordenar o trabalho a ser feito, coordenar questões técnicas/arquitetônicas e coordenar questões relacionadas às pessoas. Na Figura 6.13, essa coordenação é realizada respectivamente pelos donos do produto, donos da arquitetura e líderes da equipe. Os donos do produto de cada subequipe se auto-organizam e lidam com questões de gerenciamento de trabalho/requisitos entre si, garantindo que cada equipe esteja fazendo o trabalho apropriado, no momento apropriado. Da mesma forma, a equipe dona da arquitetura se auto-organiza para evoluir a arquitetura ao longo do tempo e os líderes da equipe se auto-organizam para gerenciar os problemas interpessoais que ocorrem entre as equipes. As três subequipes de liderança são capazes de lidar com pequenas correções de curso, típicas com o passar do tempo. A equipe pode descobrir que precisa se reunir ocasionalmente para planejar o próximo bloco de trabalho — essa é uma técnica que o SAFe chama de program increment (PI) planning e sugere que ocorra trimestralmente. Sugerimos que você faça isso quando e se fizer sentido.
- **A integração e o teste do sistema ocorrem em paralelo.** A Figura 6.12 mostra que há uma equipe separada para realizar a integração do sistema e testes entre equipes. Idealmente, esse trabalho deve ser mínimo e totalmente automatizado. Muitas vezes precisamos de uma equipe separada no início, às vezes devido à falta de automação, mas nosso objetivo deve ser automatizar o máximo possível esse trabalho e atribuir o restante às subequipes. Dito isso, descobrimos que o teste de usabilidade em toda a solução e, da mesma forma, o teste de aceitação do usuário (UAT), exige um esforço separado por motivos logísticos.
- **As subequipes são tão completas quanto podem ser.** A maior parte do esforço de teste deve ocorrer dentro das subequipes, assim como em uma equipe ágil normal, juntamente com integração contínua (CI) e a implantação contínua (CD).
- **Podemos implantar no momento em que quisermos.** Preferimos uma abordagem de CD para isso, embora as equipes iniciantes em programas ágeis possam começar entregando trimestralmente (ou até com menos frequência) e depois melhorar a cadência de release ao longo do tempo. As equipes que são novas nisso provavelmente precisarão de uma fase de transição, alguns chamam isso de "hardening sprints" ou "sprints de implantação" nas

primeiras vezes. A meta do processo **Acelerar a entrega de valor** captura várias opções de release para equipes de entrega e a lâmina de processo Gerenciamento de liberação [ReleaseManagement] captura opções para o nível da organização. Uma lâmina de processo engloba um conjuntocoeso de opções de processo, como práticas e estratégias, que devem ser escolhidas e aplicadas de maneira sensível ao contexto. Cada lâmina de processo aborda um recurso específico, como finanças, gerenciamento de dados, marketing ou gerenciamento de fornecedores — assim como as metas de processo são descritas usando diagramas de meta do processo, as lâminas de processo também o são.

- **Escalar é difícil.** Alguns problemas exigem uma equipe grande, mas para ter sucesso você precisa saber o que está fazendo. Se você está tendo dificuldades com o ágil em pequenas equipes, então você não está pronto para o ágil com grandes equipes. Além disso, como aprendemos no Capítulo 3, o tamanho da equipe é apenas um dos seis fatores de escala que nossa equipe pode precisar lidar, sendo os outros a distribuição geográfica, a complexidade do domínio, a complexidade técnica, a distribuição organizacional e a conformidade regulatória. Cobrimos essas questões com mais detalhes em PMI.org/disciplined-agile/agility-at-scale.

Quando você deve adotar cada ciclo de vida?

Cada equipe deve escolher seu próprio ciclo de vida, mas como fazer isso? É tentador que sua equipe de gerenciamento de portfólio faça essa escolha — bem, pelo menos é para sua equipe. Na melhor das hipóteses, eles devem fazer uma sugestão (convém que seja sólida) quando iniciam uma empreitada, mas no final a escolha do ciclo de vida deve ser feita pela equipe, se você quiser que seja eficaz. Essa pode ser uma escolha desafiadora, principalmente para equipes iniciantes em ágil e lean. Uma parte importante das estruturas de decisão do processo fornecido pelo DAD é a orientação para a escolha de um ciclo de vida, incluindo o fluxograma da Figura 6.14.

Claro, há um pouco mais do que este fluxograma. A Figura 6.15 apresenta uma visão geral do que consideramos fatores importantes, desde o Framework de Contexto da Situação (SCF) [SCF], a ser considerado ao selecionar um ciclo de vida. Os fatores limitantes que temos em mente ao escolher um ciclo de vida de entrega incluem:

1. **Habilidades da equipe.** Os dois ciclos de vida de entrega contínua (CD) exigem que a equipe tenha muita habilidade e disciplina. Os outros ciclos de vida do DAD também exigem habilidade e disciplina, embora os dois ciclos de vida de CD se destaquem. Com o ciclo de vida sequencial, você pode se virar com pessoas menos qualificadas — devido à natureza orientada a tirar a mão (handoff) da sequência, você pode designar especialistas pouco qualificados para cada fase. Dito isso, vimos muitas equipes tradicionais com pessoas muito qualificadas.
2. **Cultura da equipe e da organização.** Os ciclos de vida ágil e de entrega contínua exigem flexibilidade dentro da equipe e nas partes da organização com as quais o time interage. As estratégias lean podem ser aplicadas em organizações com uma variada gama de flexibilidade. O sequencial pode ser, e muitas vezes é, aplicado em situações muito rígidas.

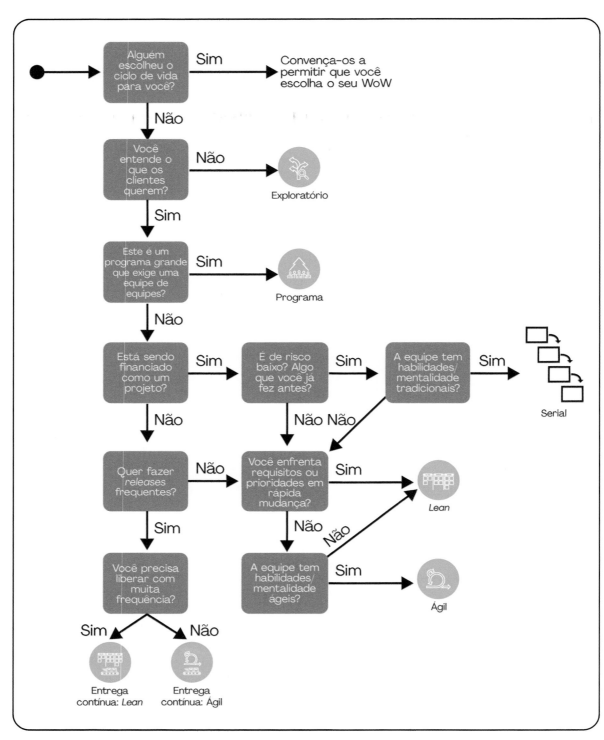

Figure 6.14 Fluxograma para escolher um ciclo de vida inicial.

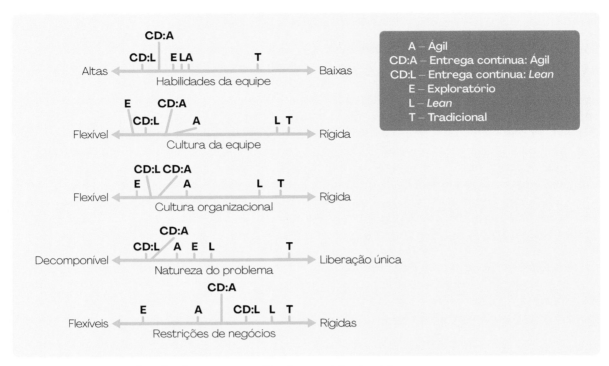

Figure 6.15 Fatores de seleção para a escolha de um ciclo de vida.

3. **A natureza do problema.** Os ciclos de vida de entrega contínua funcionam muito bem quando você pode construir e liberar em incrementos muito pequenos. Os outros ciclos de vida do DAD funcionam muito bem em incrementos pequenos. O sequencial é realmente voltado para grandes releases.

4. **Restrições de negócios.** A questão-chave aqui é a disponibilidade e a disposição das partes interessadas, embora a flexibilidade financeira/orçamentária também seja essencial. O ciclo de vida exploratório requer uma mentalidade flexível, orientada ao cliente, e experimental no lado das partes interessadas. O ágil, porque tende a entregar funcionalidades completas, também exige flexibilidade na maneira como interagimos com as partes interessadas. Surpreendentemente, os ciclos de vida de entrega contínua exigem menos flexibilidade das partes interessadas devido à capacidade de entregar funcionalidades desativadas (toggle off), proporcionando maior controle sobre algo quando é liberado, simplesmente ativando-o (toggle on).

A meta do processo **Evoluir WoW** inclui um ponto de decisão que abrange as escolhas (trade-offs) associadas aos seis ciclos de vida do DAD, além de alguns outros que ainda não são explicitamente suportados pelo DAD (como o sequencial).

Diferentes ciclos de vida com marcos comuns

Em muitas organizações em que ajudamos a adotar o DA, a liderança sênior e, com frequência, a gestão intermediária, são muito relutantes no início em permitir que as equipes de entrega escolham seu WoW. O desafio é que sua mentalidade tradicional muitas vezes lhes diz que as equipes precisam seguir o mesmo "processo repetível" para que a liderança sênior possa supervisioná-las e orientá-las. Existem dois equívocos significativos com essa mentalidade: Primeiro, podemos ter governança comum entre as equipes sem impor um processo comum. Um habilitador fundamental disso é adotar marcos comuns baseados em risco (não baseados em artefatos) ao longo dos ciclos de vida. Isso é exatamente o que o DAD faz, e esses marcos comuns são mostrados na Figura 6.16. Em segundo lugar, resultados repetíveis são muito mais importantes do que processos repetíveis. Nossas partes interessadas querem que gastemos seus investimentos em TI com sabedoria. Eles querem que possamos produzir — e evoluir — soluções que atendam às suas necessidades reais. Eles querem essas soluções rapidamente. Eles querem soluções que lhes permitam competir de forma eficaz no mercado. Esses são os tipos de resultados que as partes interessadas gostariam de obter uma vez, outra vez e depois outra (repetidamente), elas não estão realmente tão preocupadas com os processos que seguimos para fazer isso. Para obter mais informações sobre estratégias de governança eficazes para equipes ágeis/lean, consulte a meta de processo **Governar a equipe**.

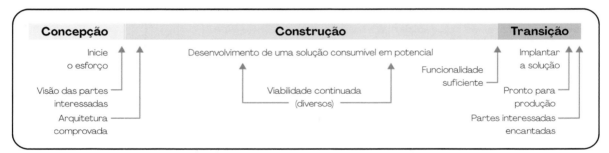

Figure 6.16 Marcos comuns ao longo dos ciclos de vida.

Vamos explorar os marcos baseados em risco do DAD com um pouco mais de detalhes:

1. **Visão das partes interessadas.** O objetivo da fase de concepção (inception) é gastar um tempo curto, mas suficiente, normalmente de alguns dias a algumas semanas, para obter a concordância das partes interessadas de que a iniciativa faz sentido e deve continuar para a fase de construção. Ao abordar cada uma das metas de concepção (inception) do DAD, a equipe de entrega capturará informações tradicionais do projeto relacionadas ao escopo *inicial*, à tecnologia, ao cronograma, orçamento, aos riscos e às outras informações, ainda que da forma mais simples possível. Essas informações são consolidadas e apresentadas às partes interessadas como uma declaração de visão, conforme descrito pela meta de processo **Desenvolver uma visão comum**. O formato da visão e a formalidade da revisão variam de acordo com sua situação. Uma prática típica é revisar um pequeno conjunto de slides com as principais partes interessadas no final da fase de concepção (inception) para garantir que todos estejam alinhados em relação à intenção do projeto e à abordagem de entrega.

2. **Arquitetura comprovada.** A mitigação antecipada de riscos faz parte de qualquer boa disciplina de engenharia. Como a meta do processo **Experimentar a arquitetura cedo** indica, existem várias estratégias que você pode adotar. O mais eficaz é construir um esqueleto de código funcionando de ponta a ponta que implemente requisitos de negócios tecnicamente arriscados. Uma das principais responsabilidades do papel do dono da arquitetura do DAD é identificar os riscos durante a fase de concepção (inception). Espera-se que esses riscos tenham sido reduzidos ou eliminados pela implementação de funcionalidades relacionadas, em algum lugar entre uma e três iterações na fase de construção. Como resultado da aplicação dessa abordagem, as reviews/demos iniciais de iteração geralmente mostram a capacidade da solução de oferecer suporte a requisitos não funcionais além de, ou em vez de, requisitos funcionais. Por esse motivo, é importante que as partes interessadas com experiência em arquitetura tenham a oportunidade de participar dessas revisões de marcos.

Explicitar fases e governança tornam o ágil mais palatável para o gerenciamento

Daniel Gagnon está na vanguarda da prática e entrega ágeis há quase uma década em duas das maiores instituições financeiras do Canadá. Ele tinha isso a dizer sobre o uso do DA como um kit de ferramentas abrangente: "Nas duas grandes empresas financeiras em que trabalhei, comecei a demonstrar as vantagens pragmáticas de usar o DA como uma abordagem "top of the house". O tailoring de processos em organizações grandes e complexas revela claramente a necessidade de um grande número de implementações específicas do contexto dos quatro (agora cinco) ciclos de vida, e o DA permite um espectro de possibilidades que nenhum outro framework acomoda. No entanto, chamamos isso de "liberdade estruturada", pois todas as escolhas ainda são governadas pela aplicação da Concepção (Inception), Construção e Transição do DA com marcos leves e baseados em risco. Essas fases são familiares aos EGPs (PMOs), o que significa que não estamos realizando um ataque frontal à sua posição fortificada, mas sim introduzindo a mudança de governança lean, iterativa e incremental."

3. **Viabilidade continuada.** Um marco opcional a ser incluído em seu cronograma de release está relacionado à viabilidade do projeto. Em determinados momentos durante um projeto, as partes interessadas podem solicitar um ponto de verificação (checkpoint) para garantir que a equipe esteja trabalhando em direção à visão acordada no final da concepção (Inception). O cronograma desses marcos garante que as partes interessadas estejam cientes das principais datas em que devem se reunir com a equipe para avaliar o status do projeto e concordar com as alterações, se necessário. Essas mudanças podem incluir qualquer coisa como níveis de financiamento, composição da equipe, escopo, avaliação de risco ou até mesmo o possível cancelamento do projeto. Pode haver vários desses marcos em um projeto de longa duração. No entanto, em vez de ter essa revisão de marcos, a solução real é entregar para a produção com mais frequência. O uso real, ou a falta dele, fornecerá uma indicação muito clara se sua solução for viável.

4. **Funcionalidade suficiente.** Embora valha a pena perseguir o objetivo de uma solução consumível (o que o Scrum chama de incremento potencialmente entregável) no final de cada iteração, é mais comum exigir várias iterações de construção antes que a equipe tenha implementado funcionalidades suficientes para implantar. Embora isso às vezes seja chamado de produto mínimo viável (MVP), o termo não é tecnicamente preciso, pois, classicamente, um MVP destina-se a testar a viabilidade de um produto e não de uma funcionalidade implantável mínima. O termo mais preciso a comparar com esse marco seria "conjunto mínimo de funcionalidades" ou "incremento mínimo de negócios" (MBI), como mostra a Figura 6.11. Um MBI é o menor aprimoramento viável para um produto/serviço existente que oferece valor real para um cliente. Um MBI incluirá uma ou mais funcionalidades mínimas comercializáveis (MMFs), e uma MMF fornece um resultado positivo para os usuários finais de nossa solução. Um resultado pode precisar ser implementado por meio de várias histórias de usuários. Por exemplo, pesquisar um item em um sistema de comércio eletrônico não agrega valor a um usuário final se ele também não puder adicionar os itens encontrados no carrinho de compras. O marco de funcionalidade suficiente do DAD é alcançado no final da fase de construção quando um MBI estiver disponível, e o custo de transição da entrega para as partes interessadas for justificado. Por exemplo, embora o incremento de uma solução consumível possa estar disponível a cada iteração de 2 semanas, pode levar várias semanas para implantá-lo em um ambiente de alta regulação, portanto, o custo de implantação pode não ser justificado até que uma quantidade maior de funcionalidade seja concluída.

5. **Pronto para produção.** Uma vez que funcionalidades suficientes tenham sido desenvolvidas e testadas, as atividades relacionadas à transição, como conversões de dados, testes de aceitação final, produção e documentação relacionada ao suporte, normalmente precisam ser concluídas. Idealmente, grande parte do trabalho foi feito continuamente durante a fase de construção como parte da conclusão de cada incremento de funcionalidade. Em algum

MVPs vs MBIs

Daniel Gagnon fornece este conselho: pense em um MVP como algo que a organização faz por razões **egoístas**. É tudo uma questão de aprendizado, não de fornecer ao cliente uma solução completa (ou às vezes até vagamente funcional!), enquanto um MBI é **altruísta** — ele está absolutamente voltado para as necessidades do cliente.

momento, é preciso tomar uma decisão de que a solução está pronta para a produção, objetivo deste marco. Os dois ciclos de vida baseados em projeto incluem uma fase de Transição em que o marco de "Pronto para a produção" é normalmente implementado como uma revisão. Os dois ciclos de vida de entrega contínua, por outro lado, têm uma atividade de transição/release totalmente automatizada em que esse marco é abordado de forma programática — normalmente a solução deve passar por testes de regressão automatizados, e as ferramentas de análise automatizadas devem determinar que a solução é de qualidade suficiente.

6. **Partes interessadas encantadas.** Órgãos de governança e outras partes interessadas obviamente gostam de saber quando a iniciativa está oficialmente encerrada para que possam começar outra entrega ou direcionar fundos para outro lugar. A iniciativa não termina quando a solução é implantada. Com projetos, geralmente há atividades de encerramento, como treinamento, ajuste de implantação, transferências ao suporte (handoffs), revisões pós-implementação ou até mesmo períodos de garantia antes que a solução seja considerada concluída. Um dos princípios do DA é encantar os clientes, o que sugere que os clientes "satisfeitos" estão estabelecendo uma expectativa muito baixa. Precisamos verificar se encantamos nossas partes interessadas, normalmente por meio da coleta e análise de métricas apropriadas, às vezes chamadas de "percepção de benefícios".

Ciclos de vida são apenas pontos de partida

As equipes de DAD geralmente evoluem de um ciclo de vida para outro. Isso ocorre porque as equipes de DAD estão sempre se esforçando para Otimizar o fluxo, para melhorar seu WoW à medida que aprendem por meio de suas experiências e experimentação com um propósito. A Figura 6.17 mostra caminhos de evolução comuns pelos quais vimos as equipes passarem. Os tempos indicados na Figura 6.17 refletem nossas experiências quando as equipes são apoiadas pelo treinamento em Disciplined Agile® (DA) e um Disciplined Agile Coach (DAC)™ — sem isso, espere tempos mais longos e provavelmente custos totais mais altos, em média. Ao ajudar uma equipe tradicional a mudar para um WoW mais eficaz, uma abordagem comum é começar com o ciclo de vida ágil. Esta é uma abordagem de "afundar ou nadar", e a experiência mostra que pode ser muito eficaz, mas pode ser difícil em culturas que resistem à mudança. Um segundo caminho mostrado neste diagrama é iniciar equipes tradicionais com uma abordagem Lean Kanban [Anderson], em que a equipe começa com seu WoW existente e o evolui ao longo do tempo por meio de pequenas mudanças para o ciclo de vida lean. Embora isso seja menos disruptivo, pode resultar em uma taxa de melhoria muito mais lenta, pois as equipes geralmente continuam trabalhando em silos com colunas do quadro kanban representando especialidades tradicionais.

A evolução do ciclo de vida é uma coisa boa

Para ser claro, achamos que o Scrum é ótimo e está no centro de nossos dois ciclos de vida ágeis. No entanto, temos percebido uma reação cada vez maior contra seus aspectos prescritivos na comunidade ágil. Como descrevemos em nosso livro *Introduction to Disciplined Agile Delivery*, na prática vemos regularmente equipes ágeis/Scrum avançadas eliminando o desperdício de processo no Scrum, como reuniões diárias, planejamento, estimativas e retrospectivas, à medida que tendem ao lean. A comunidade de Scrum é rápida em banir comportamentos como "Scrum, mas…": adotar um pouco de Scrum, mas não todo. No entanto, vemos isso como uma evolução natural, pois a equipe substitui atividades que geram desperdício por entrega de valor agregado. A natureza dessas equipes que naturalmente colaboram o dia todo, todos os dias, significa que elas não precisam realizar tais cerimônias em uma cadência de adiamento, preferindo fazer essas coisas, quando necessárias, com base em JIT. Achamos que isso é uma ideia boa e natural.

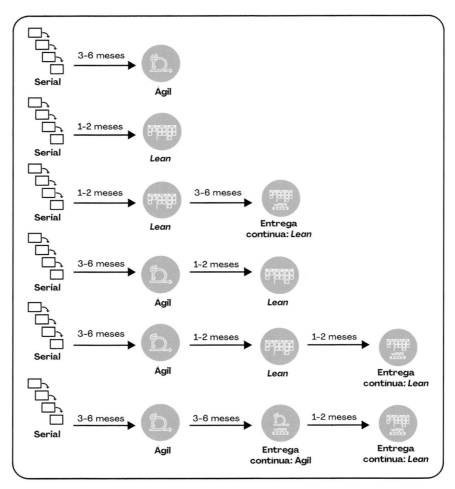

Figure 6.17 Caminhos comuns de evolução do ciclo de vida.

O que a Figura 6.17 não mostra é onde os ciclos de vida Exploratório ou de Programa se encaixam. Primeiro, de certa forma, isso se aplica ao ciclo de vida de Programa. Você pode adotar uma abordagem de programa ágil (semelhante ao que frameworks de escalas como Nexus, SAFe e LeSS fazem na prática), em que o programa libera grandes incrementos em uma cadência regular (digamos, trimestralmente). Você também pode adotar uma abordagem de programa lean, em que as subequipes transmitem a funcionalidade para a produção e, em seguida, no nível do programa, isso é ativado quando fizer sentido fazê-lo. Em segundo lugar, o foco do diagrama está nos "ciclos de vida completos de entrega", enquanto o ciclo de vida Exploratório não é um "ciclo de vida completo de entrega" por si só. Normalmente é usado para testar uma hipótese sobre uma oferta potencial de mercado e, quando a ideia estiver suficientemente desenvolvida e sugerir que o produto será bem-sucedido, a equipe muda para um dos ciclos de vida de entrega da Figura 6.17. Dessa forma, substitui boa parte dos esforços da fase de concepção (inception) da equipe. Outro cenário comum é que uma equipe está no meio do desenvolvimento e percebe que tem uma nova ideia para uma funcionalidade importante que precisa ser mais bem explorada antes de investir um esforço sério de desenvolvimento nele. Assim, a equipe passará para o ciclo de vida Exploratório pelo tempo que for necessário para concretizar a ideia da funcionalidade ou refutar sua viabilidade de mercado.

Em suma

Neste capítulo, exploramos vários conceitos-chave:

- Algumas equipes em sua organização ainda seguirão um ciclo de vida sequencial — o DAD reconhece isso explicitamente, mas não oferece apoio para essa categoria de trabalho cada vez menor.
- O DAD fornece a estrutura de suporte necessária para escolher entre seis ciclos de vida de entrega de soluções (SDLCs) e evoluir, com base em estratégias ágeis ou lean.
- Os ciclos de vida baseados em projetos, mesmo os de ágil e lean, passam por fases.
- Cada ciclo de vida tem suas vantagens e desvantagens; cada equipe precisa escolher aquela que melhor reflete seu contexto.
- Marcos comuns baseados em risco permitem uma governança consistente: você não precisa forçar o mesmo processo em todas as suas equipes para poder comandá-las.
- Uma equipe começará com um determinado ciclo de vida e geralmente evolui para longe dele à medida que melhora continuamente seu WoW.

Capítulo 7

Sucesso disciplinado

Algumas pessoas chamaram o Disciplined Agile Delivery (DAD) de "complicado", porque se concentra em ajudar a escolher um modo de trabalhar (WoW) adequado ao seu fim (fit-for-purpose), em vez de simplesmente oferecer pequeno conjunto de "práticas recomendadas" que você precisa seguir. Isso é lamentável, pois a verdade inconveniente é que a entrega eficaz de soluções de TI nunca foi simples e nunca será. O kit de ferramentas do Disciplined Agile (DA) simplesmente reflete a complexidade inerente que enfrentamos como profissionais em aspectos de nível corporativo e oferece as ferramentas para navegar nessa complexidade.

Se você está fazendo de forma ágil, já está usando o DA

Por exemplo, considere o Scrum. O Scrum é um subconjunto de dois dos ciclos de vida do DAD. Então, se você está apenas aplicando o Scrum, está essencialmente aplicando uma forma de DAD. No entanto, se o Scrum é toda a sua referência, você provavelmente não está considerando algumas coisas que deveria, ou não está usando algumas práticas complementares que o ajudam a ser mais eficaz. Em nossa experiência, se você está lutando para ser eficaz com o ágil, pode ser que desconheça as estratégias que podem ajudar ou esteja recebendo orientações de coaches ágeis sem experiência, sem conhecimento ou puristas.

O DA é ágil para a empresa

Infelizmente, nossa indústria está cheia de "líderes de pensamento" que acreditam que o caminho deles, muitas vezes porque é tudo o que eles conhecem, é o único caminho verdadeiro. O DA é baseado em observações empíricas de uma vasta gama de indústrias, organizações e todos os tipos de iniciativas, baseadas em projetos e produtos, grandes e pequenos. A flexibilidade e a adaptabilidade inerentes ao DA são uma das razões pelas quais ele é um kit de ferramentas tão útil. O DA *simplesmente faz sentido* porque favorece:

1. Abordagens pragmáticas e agnósticas *sobre* puristas.
2. Decisões orientadas pelo contexto *sobre* abordagens de tamanho único (one-size-fits-all).
3. Opções de estratégias *sobre* abordagens prescritivas.

Se você é uma "Scrum Shop", provavelmente está perdendo ótimas oportunidades de otimizar o seu modo de trabalhar. O Scrum é realmente um ciclo de vida inacreditavelmente ruim para ser usado em muitas situações, e é por isso que sua organização tem equipes adotando uma abordagem baseada em Lean/Kanban ou outra abordagem não Scrum, agora mesmo, enquanto você lê isto. Se você confia apenas no Scrum ou em uma framework de escala baseado em Scrum, como SAFe, Nexus ou LeSS, recomendamos expandir seus horizontes com o DA para expor abordagens e práticas mais adequadas.

Aprenda mais rápido para ter sucesso mais cedo

O ágil gosta da expressão "falhar rápido", o que significa que quanto mais rápido falharmos e aprendermos com nossos erros, mais rápido chegamos ao que precisamos. Nossa experiência é que usar como referência estratégias comprovadas baseadas em contexto nos permite falhar menos e ter sucesso mais cedo. Em nosso trabalho diário, estamos continuamente tomando decisões, e é por isso que chamamos o DA de kit de ferramentas de decisão de processo. Se não consultamos o kit de ferramentas para ajudar na tomada de decisões, às vezes esquecemos coisas que precisamos considerar ou tomamos decisões ruins sobre quais técnicas experimentar para melhorar nosso WoW. O DA apresenta pontos de decisão para discussão, tornando o implícito, explícito. Por exemplo, ao iniciar uma iniciativa na concepção (inception) e consultar o diagrama da meta **Desenvolver estratégia de teste**, é como um coach dando um tapinha nas suas costas e perguntando: "Como vamos testar isso?"; "De que ambientes precisamos?"; "Onde obteremos os dados?"; "Quais ferramentas?"; "Quanto é automatizado e quanto é manual?"; e "Nós testamos primeiro ou testamos depois?" Ao trazer à tona essas decisões essenciais para consideração explícita de sua equipe, reduzimos o risco de esquecer as coisas e aumentamos sua chance de escolher uma estratégia que funcione bem para você. Chamamos isso de melhoria contínua guiada (GCI)

Use o DA Browser

Publicamos os diagramas de metas em PMI.org/disciplined-agile/process/introduction-to-dad/process-goals para que você tenha um ponto de consulta rápida. Se você quiser acessar os detalhes por trás dos diagramas de metas, visite PMI.org/disciplined-agile/da-browser. Na prática, regularmente consultamos diagramas de metas em nosso coaching para apontar por que certas práticas são menos eficazes do que outras em determinadas situações, e quais alternativas devemos considerar. Leve seu equipamento favorito para suas retrospectivas e, se sua equipe estiver tendo dificuldades para atingir efetivamente uma meta de processo, revise quais opções e ferramentas você pode experimentar para remediar a situação. Se você é um coach, o DA deve torná-lo mais eficaz ao ajudar as equipes a entender as escolhas (trade-offs) que elas têm à sua disposição.

Invista em certificação para reter seu novo conhecimento

Temos certeza de que você aprendeu novas técnicas neste livro que o(a) tornarão um profissional de ágil melhor, aumentando suas chances de sucesso em suas iniciativas. A chave é não deixar que essas novas ideias saiam da sua memória. Incentivamos você a sedimentar esse novo conhecimento estudando o conteúdo para se preparar e fazer os testes de certificação. Os testes são difíceis, mas a aprovação resulta em uma certificação válida e valorizada, verdadeiramente digna para atualizar seu perfil do LinkedIn. As empresas com as quais trabalhamos observaram que as equipes que investiram em aprendizagem e certificação tomam melhores decisões e, portanto, são mais eficazes do que equipes que não entendem suas opções . Melhores decisões levam a melhores resultados.

Invista em aprender este material e comprová-lo por meio da certificação. Você será um agilista melhor, e aqueles ao seu redor perceberão. Você pode saber mais sobre a PMI® Agile Certification Journey em PMI.org/certifications/agile-certifications.

Por favor, envolva-se

Também sugerimos que você participe da comunidade de Disciplined Agile. Novas ideias e práticas emergem da comunidade e são continuamente incorporadas ao DA. Vamos aprender uns com os outros, pois todos nós queremos continuar a aprender e dominar o nosso ofício.

Referências

[AgileDocumentation] *Agile/Lean Documentation: Strategies for Agile Software Development.*
AgileModeling.com/essays/agileDocumentation.htm

[AgileModeling] Agile Modeling Home Page. AgileModeling.com

[AmblerLines2012] *Disciplined Agile Delivery: A Practitioner's Guide to Agile Software Delivery in the Enterprise.* Scott Ambler & Mark Lines, 2012, IBM Press.

[AmblerLines2017] *An Executive's Guide to Disciplined Agile: Winning the Race to Business Agility.* Scott Ambler & Mark Lines, 2017, Disciplined Agile Consortium.

[Anderson] *Kanban: Successful Evolutionary Change for Your Technology Business.* David J. Anderson, 2010, Blue Hole Press.

[Beck] *Extreme Programming Explained: Embrace Change (2nd Edition).* Kent Beck & Cynthia Andres, 2004, Addison-Wesley Publishing.

[Brooks] *The Mythical Man-Month, 25th Anniversary Edition.* Frederick P. Brooks Jr., 1995, Addison-Wesley.

[CMMI] *The Disciplined Agile Framework: A Pragmatic Approach to Agile Maturity.* DisciplinedAgileConsortium.org/resources/Whitepapers/DA-CMMI-Crosstalk-201607.pdf

[CockburnHeart] Heart of Agile Home Page. HeartOfAgile.com

[CoE] Centers of Excellence (CoE). PMI.org/disciplined-agile/people/centers-of-excellence

[ContinuousImprovement] Continuous Improvement. PMI.org/disciplined-agile/process/continuous-improvement

[CoP] Communities of Practice (CoPs). PMI.org/disciplined-agile/people/communities-of-practice

[Coram] *Boyd: The Fighter Pilot Who Changed the Art of War.* Robert Coram, 2004, Back Bay Books.

[Cynefin] *A Leader's Framework for Decision Making.* David J. Snowden & Mary E. Boone, *Harvard Business Review*, novembro 2007. hbr.org/2007/11/a-leaders-framework-for-decision-making

[DABrowser] The Disciplined Agile Browser. PMI.org/disciplined-agile/da-browser

[DADRoles] Roles on DAD Teams. PMI.org/disciplined-agile/people/roles-on-dad-teams

[DAHome] Disciplined Agile Home Page. PMI.org/disciplined-agile

[DALayers] Layers of the Disciplined Agile Tool Kit. PMI.org/disciplined-agile/ip-architecture/layers-of-the-disciplined-agile-tool-kit

[Deming] *The New Economics for Industry, Government, Education*. W. Edwards Deming, 2002, MIT Press.

[Denning] *The Agile of Agile: How Smart Companies Are Transforming the Way Work Gets Done*. Stephen Denning, 2018, AMACON.

[Doer] *Measure What Matters: How Google, Bono, and the Gates Foundation Rock the World with OKRs*. John Doer, 2018, Penguin Publishing Group.

[DSDM] *Dynamic Systems Development Method (DSDM)*. Jennifer Stapleton, 1997, Addison-Wesley Professional.

[ExecutableSpecs] *Specification by Example: How Successful Teams Deliver the Right Software*. Gojko Adzic, 2011, Manning Press.

[Fowler] *The State of Agile Software in 2018*. Martin Fowler, MartinFowler.com/articles/agile-aus-2018.html

[Gagnon] *A Retrospective on Years of Process Tailoring Workshops*. Daniel Gagnon, 2018, ProjectManagement.com/blog-post/61957/A-retrospective-on-years-of-process-tailoring-workshops

[GenSpec] *Generalizing Specialists: Improving Your IT Career Skills*. AgileModeling.com/essays/generalizingSpecialists.htm

[Goals] Process Goals. PMI.org/disciplined-agile/process-goals

[Goldratt] *The Goal: A Process of Ongoing Improvement—3rd Revised Edition*. Eli Goldratt, 2004, North River Press.

[Google] *Five Keys to a Successful Google Team*. Julia Rozovsky, n.d., https://rework.withgoogle.com/blog/five-keys-to-a-successful-google-team/

[GQM] *The Goal Question Metric Approach*. Victor R. Basili, Gianluigi Caldiera, & H. Dieter Rombach, 1994, http://www.cs.toronto.edu/~sme/CSC444F/handouts/GQM-paper.pdf

[Highsmith] *Agile Software Development Ecosystems*. Jim Highsmith, 2002, Addison-Wesley.

[Host] The Host Leadership Community. HostLeadership.com

[HumbleFarley] *Continuous Delivery: Reliable Software Releases through Build, Test, and Deployment Automation*. Jez Humble & David Farley, 2010, Addison-Wesley Professional.

[Kim]. *DevOps Cookbook*. RealGeneKim.me/devops-cookbook/

[Kerievsky] *Modern Agile*. ModernAgile.org/

[Kersten] *Project to Product: How to Survive and Thrive in the Age of Digital Disruption With the Flow Framework*. Mik Kersten, 2018, IT Revolution Press.

[Kerth] *Project Retrospectives: A Handbook for Team Reviews*. Norm Kerth, 2001, Dorset House.

[Kotter] *Accelerate: Building Strategic Agility for a Faster Moving World*. John P. Kotter, 2014, Harvard Business Review Press.

[Kruchten] *The Rational Unified Process: An Introduction 3rd Edition*. Philippe Kruchten, 2003, Addison-Wesley Professional.

[LeanChange1] *The Lean Change Method: Managing Agile Organizational Transformation Using Kanban, Kotter, and Lean Startup Thinking*. Jeff Anderson, 2013, Createspace.

[LeanChange2] Lean Change Management Home Page. LeanChange.org

[LeSS] *The LeSS Framework*. LeSS.works.

[LifeCycles] Full Agile Delivery Life Cycles. PMI.org/disciplined-agile/lifecycle

[Liker] *The Toyota Way: 14 Management Principles from the World's Greatest Manufacturer*. Jeffery K. Liker, 2004, McGraw-Hill.

[LinesAmbler2018] *Introduction to Disciplined Agile Delivery 2nd Edition: A Small Agile Team's Journey from Scrum to Disciplined DevOps*. Mark Lines & Scott Ambler, 2018, Project Management Institute.

[Manifesto] *The Agile Manifesto*. AgileManifesto.org

[MCSF] *Team of Teams: New Rules of Engagement for a Complex World*. S. McChrystal, T. Collins, D. Silverman, & C. Fussel, 2015, Portfolio.

[Meadows] *Thinking in Systems: A Primer*. Daniella H. Meadows, 2015, Chelsea Green Publishing.

[Nonaka] *Toward Middle-Up-Down Management: Accelerating Information Creation*. Ikujiro Nonaka, 1988, https://sloanreview.mit.edu/article/toward-middleupdown-management-accelerating-information-creation/

[Nexus] *The Nexus Guide*. Scrum.org/resources/nexus-guide

[Pink] *Drive: The Surprising Truth About What Motivates Us*. Daniel H. Pink, 2011, Riverhead Books.

[Poppendieck] *The Lean Mindset: Ask the Right Questions*. Mary Poppendieck & Tom Poppendieck, 2013, Addison-Wesley Professional.

[Powers] *Powers' Definition of the Agile Mindset*. AdventuresWithAgile.com/consultancy/powers-definition-agile-mind-set/

[Prison] Tear Down the Method Prisons! Set Free the Practices! I. Jacobson & R. Stimson, *ACM Queue*, janeiro/fevereiro 2019.

[Reifer] *Quantitative Analysis of Agile Methods Study (2017): Twelve Major Findings*. Donald J. Reifer, 2017, InfoQ.com/articles/reifer-agile-study-2017

[Reinertsen] *The Principles of Product Development Flow: Second Generation Lean Product Development*. Donald G. Reinertsen, 2012, Celeritis Publishing.

[ReleaseManagement] Release Management. PMI.org/disciplined-agile/process/release-management

[Ries] *The Lean Startup: How Today's Entrepreneurs Use Continuous Innovation to Create Radically Successful Businesses*. Eric Ries, 2011, Crown Business.

[RightsResponsibilities] Team Member Rights and Responsibilities. PMI.org/disciplined-agile/people/rights-and-responsibilities

[Rubin] *Essential Scrum: A Practical Guide to the Most Popular Process*. Ken Rubin, 2012, Addison-Wesley Professional.

[SAFe] *SAFe 4.5 Distilled: Applying the Scaled Agile Framework for Lean Enterprises (2nd Edition)*. Richard Knaster & Dean Leffingwell, 2018, Addison-Wesley Professional.

[SCF] *Scaling Agile: The Situation Context Framework*. PMI.org/disciplined-agile/agility-at-scale/tactical-agility-at-scale/scaling-factors

[SchwaberBeedle] *Agile Software Development With SCRUM*. Ken Schwaber & Mike Beedle, 2001, Pearson.

[Schwartz] *The Art of Business Value*. Mark Schwartz, 2016, IT Revolution Press.

[ScrumGuide] *The Scrum Guide*. Jeff Sutherland & Ken Schwaber, 2018, Scrum.org/resources/scrum-guide

[SenseRespond] *Sense & Respond: How Successful Organizations Listen to Customers and Create New Products Continuously*. Jeff Gothelf & Josh Seiden, 2017, Harvard Business Review Press.

[Sheridan] *Joy, Inc.: How We Built a Workplace People Love*. Richard Sheridan, 2014, Portfolio Publishing.

[SoftDev18] *2018 Software Development Survey Results*. Ambysoft.com/surveys/softwareDevelopment2018.html

[Sutherland] *Scrum: The Art of Doing Twice the Work in Half the Time*. Jeff Sutherland & J. J. Sutherland, 2014, Currency.

[Tailoring] Process Tailoring Workshops. PMI.org/disciplined-agile/process/process-tailoring-workshops

[TDD] *Introduction to Test-Driven Development (TDD)*. Scott Ambler, 2004, AgileData.org/essays/tdd.html

[WomackJones] *Lean Thinking: Banish Waste and Create Wealth in Your Corporation*. James P. Womack & Daniel T. Jones, 1996, Simon & Schuster.

[WickedProblemSolving] Wicked Problem Solving. PMI.org/wicked-problem-solving

Acrônimos e abreviaturas

AIC	Agile industrial complex / *Agile industrial complex*
AINO	agile in name only / ágil somente no nome
AO	architecture owner / dono da arquitetura
ATDD	acceptance test-driven development / desenvolvimento orientado a testes de aceitação
BA	business analyst / analista de negócios
BDD	behavior-driven development / desenvolvimento orientado a comportamento
CAS	complex adaptive system / sistema adaptativo complexo
CCM	change control board / comitê de controle de mudanças
CD	continuous deployment / implantação contínua
CI	continuous integration / integração contínua
	continuous improvement / melhoria contínua
CMMI	Capability Maturity Model Integration / Modelo Integrado de Maturidade e de Capacidade
CoE	center of expertise / centro de competência
	center of excellence / centro de excelência
CoP	community of practice / comunidade de prática
COTS	commercial off the shelf / componentes comerciais de prateleira, software de prateleira
DA	Disciplined Agile / Disciplined Agile
DAE	Disciplined Agile Enterprise / Ágil Disciplinado organizacional
DBA	database administrator / administrador de banco de dados
DevOps	Development-Operations / Desenvolvimento Operações
DoD	definition of done / definição de pronto
DoR	definition of ready / definição de preparado
EA	enterprise architect / arquiteto corporativo
	enterprise architecture / arquitetura corporativa
FT	functional testing / teste funcional
GDI	guided continuous improvement / melhoria contínua guiada
GQM	goal question metric / objetivo questões métricas
ISO	International Organization for Standardization / Organização Internacional para Padronização
TI	information technology / tecnologia da informação
ITIL	Information Technology Infrastructure Library / Information Technology Infrastructure Library
JIT	just-in-time / *just-in-time*
KPI	key performance indicator / indicador-chave de desempenho
LeSS	large-scale scrum / *Scrum* em larga escala
MBI	minimum business increment / incremento mínimo de negócio
MMF	minimum marketable feature / funcionalidade mínima vendável
MMP	minimum marketable product / produto mínimo vendável
MMR	minimum marketable release / liberação mínima vendável
MVC	minimal viable change / mudança mínima viável
PMV	minimum vialbe product / produto mínimo viável
OKR	objectives and key results / objetivos e resultados-chave
OODA	observe-orient-decide-act / Observar–Orientar–Decidir–Agir
PDCA	plan-do-check-act / Planejar–Fazer–Checar–Agir

PDSA	plan-do-study-act / Planejar–Fazer–Estudar–Agir
PI	program increment / incremento do programa
GP	project manager / gerente de projeto
PMI	Project Management Institute
EGP	project management office / escritório de gerenciamento de projetos
PO	product owner / dono do produto
PoC	proof of concept / prova de conceito
ROI	return on investment / retorno sobre o investimento
RUP	Rational Unified Process / processo unificado racional
SAFe	Scaled Agile Framework / Scaled Agile Framework
SCF	Situation Context Framework / *framework* de contexto da situação
SDLC	system delivery life cycle / ciclo de vida da entrega de sistema
	software delivery life cycle / ciclo de vida de entrega de software
	solution delivery life cycle / ciclo de vida de entrega de solução
SLA	service-level agreement / acordo de nível de serviço
SME	subject matter expert / especialista no assunto
TDD	test-driven development / desenvolvimento orientado a testes
ToC	theory of constraints / teoria das restrições
UAT	user acceptance test / teste de aceitação do usuário
IU	user interface / interface do usuário
UP	unified process / Processo Unificado
WIP	work in progress / trabalho em andamento
XP	eXtreme Programming / eXtreme Programming

Índice remissivo

Sobre os autores

Scott W. Ambler é vice-presidente e cientista-chefe de Disciplined Agile no Project Management Institute, onde lidera a evolução do kit de ferramentas de DA. Scott é o cocriador, junto com Mark Lines, do kit de ferramentas de Disciplined Agile (DA) e fundador das metodologias *Agile Modeling (AM), Agile Data (AD)* e *Enterprise Unified Process (EUP)*. É coautor de vários livros, incluindo *Disciplined Agile Delivery, Refactoring Databases, Agile Modeling, Agile Database Techniques, The Object Primer – Terceira edição*, e muitos outros. Scott é palestrante frequente em conferências, escreve para o ProjectManagement.com, e você pode segui-lo no Twitter: @scottwambler.

Mark Lines é vice-presidente de Disciplined Agile no Project Management Institute e Fellow de Disciplined Agile. Ele é o cocriador do kit de ferramentas de DA e é coautor com Scott Ambler de vários livros sobre Disciplined Agile. Mark é palestrante frequente em conferências, e você pode segui-lo no Twitter: @mark_lines.